大唐的颜色
唐三彩面面观

赵宇共 ◇著

北京大学出版社
PEKING UNIVERSITY PRESS

图书在版编目（CIP）数据

大唐的颜色：唐三彩面面观 / 赵宇共著. —北京：北京大学出版社，2023.3

ISBN 978-7-301-33787-5

Ⅰ.①大… Ⅱ.①赵… Ⅲ.①唐三彩—研究 Ⅳ.①K876.3

中国国家版本馆CIP数据核字（2023）第036042号

书　　名	大唐的颜色：唐三彩面面观
	DATANG DE YANSE: TANGSANCAI MIANMIANGUAN
著作责任者	赵宇共　著
责任编辑	方哲君
标准书号	ISBN 978-7-301-33787-5
出版发行	北京大学出版社
地　　址	北京市海淀区成府路205号　100871
网　　址	http://www.pup.cn　新浪微博:@北京大学出版社
电子信箱	dj@pup.cn
电　　话	邮购部 010-62752015　发行部 010-62750672
	编辑部 010-62756694
印 刷 者	北京中科印刷有限公司
经 销 者	新华书店
	650毫米×980毫米　16开本　16.75印张　195千字
	2023年3月第1版　2023年3月第1次印刷
定　　价	106.00元

未经许可，不得以任何方式复制或抄袭本书之部分或全部内容。
版权所有，侵权必究
举报电话: 010-62752024　电子信箱: fd@pup.pku.edu.cn
图书如有印装质量问题，请与出版部联系，电话: 010-62756370

目　录

一　百多年来唐三彩被认定为明器 / 001

二　唐三彩的实物与资料 / 015

三　唐三彩的种类 / 037

四　唐三彩的出土地 / 075

五　唐三彩与其他陪葬品 / 095

六　唐三彩的生产数量 / 117

七　唐三彩的质地 / 133

八　唐三彩的使用痕迹 / 139

九　唐三彩在唐代时的名称 / 149

十　唐三彩在唐代时的价格 / 161

十一　唐三彩的生产与流通 / 167

十二　唐三彩是不是官署配给 / 173

十三　如何判断唐三彩中的明器和日常器 / 181

十四　唐三彩真伪鉴别的标准 / 191

后　记 / 259

一 百多年来唐三彩被认定为明器

唐三彩是清末民初发现的一种唐代多色釉陶器，最初是从位于河南的唐墓出土才为人们所知。由于当时的唐三彩几乎全是从唐代墓葬出土的，国人忌讳凶器，视为不吉，故多不收藏。那时出土的唐三彩大多数由外国人购买收藏，因此唐三彩多出现在外国的博物馆和国外私人藏家手中。

近几十年来唐三彩越来越受到收藏界的重视，追捧唐三彩的人越来越多，而究其原因主要有以下三点。一是因为唐三彩的兴盛时期在唐高宗至玄宗的近百年间，出土的器物有限，物以稀为贵。二是因为收藏者看好其市场前景，多场拍卖会出现高价成交。三是因为世界各大著名博物馆以及著名大学如斯坦福大学博物馆等都收藏了唐三彩，这体现出唐三彩具有艺术价值和研究价值。唐三彩无疑成了中国珍贵艺术品的代表性器物之一，已具有了世界公认的高声誉，是高级艺术品和高价值收藏品。

近年来，国内有许多专家学者撰写了研究唐三彩的论文、专著，出版了多种图册。网络上也常有唐三彩相关的文章、评介，以及鉴定类或相关课程的视频等。围绕着唐三彩出现了多种令人疑惑的说法，例如唐三彩是死人陪葬品故家中不宜摆放，烧制唐三彩有官窑、民窑两类作坊，等等。至于如何鉴定唐三彩的真伪，更是说法芜杂，致使不少人无所适从，甚至斥巨资收藏了仿制品。

唐三彩在唐代全是丧葬用的陪葬品吗？抑或如有些人所说的在初唐、中唐时全是陪葬品，唐后期才烧制一些日用器吗？在唐代这种多彩釉陶器也叫唐三彩吗？如一些专家所说唐三彩是专供给皇亲国戚和权贵们所用，平民百姓不允许使用吗？唐三彩比当时的陶瓷器价格都要便宜吗？鉴定唐三彩仅从器型、釉色、开片、返铅几个特征就能判断真伪吗？诸如此类的问题困惑着人们，影响着人们对唐三彩的认识和判断。

本书依据国内外博物馆收藏的出土实物，以及世界多地唐三彩资深收藏者的收藏品，结合相关唐代文献，并参考收藏者的教训、认知与经验，从多方面探知唐三彩的历史原境状态，避免仅从一个角度或一个层面去认识唐三彩。

1. 唐三彩专为陪葬明器的说法至今流行不衰

唐三彩是唐代的一种低温釉陶器，以色彩瑰丽、造型优美而广受喜爱，在中外许多著名博物馆中都陈列有唐三彩。长久以来，唐三彩又被视为陪葬亡灵的专用明器而令人畏惧、排斥。自1905年被发现后，凡是从地下出土的唐三彩器物，人们往往把它砸碎丢弃，以免沾染晦气。在收藏界、古玩界，唐三彩是为亡人陪葬的专用明器，即丧用明器，逐渐变成了少有人怀疑的定论。

中国硅酸盐学会主编《中国陶瓷史》（文物出版社，1982年）中说："唐代盛行的三彩釉陶器，主要见于作随葬的明器。唐代盛行厚葬，并且有明文见于唐代典章。唐代曾经多次颁发过不同等级的官员死后随葬相应数量的明器。三彩陶器有可能是适应这种厚葬风气而兴起的，在不太长的时期有了很大的发展。"

该书还指出："在三彩器物中，有的只具备上述几种彩色中的一种颜色，人们称之为单彩或一彩。带两种颜色的，人们称为二彩，带有两种颜色以上的则称为三彩。"

汪庆正主编《简明陶瓷词典》（上海辞书出版社，1989年）中"唐三彩"词条说："唐三彩器主要见于随葬的明器，死者生前的普通生活器皿如瓶、钵、罐、瓴、盘、杯、碗、盂、枕等均属常见。此外，有各种动物和人俑及建筑、家具等等。"

陆建初《古陶瓷识鉴学》（海天出版社，1996年）一书中说："而至唐代丧葬：'衣衾棺椁，极雕刻之华；灵輀明器，穷金玉之饰。'虽豪华，但下圹的唐三彩器，其彩釉乃属低温高铅类，亦决不日用的。"

杜卫民《彩瓷断代与辨伪》（学苑出版社，2006年）中说："明器是古人用来陪葬的器物。古人迷信视死如生，帝王贵族和富有阶级将生前使用的实物用来陪葬；早期的奴隶主贵族还用活人来殉葬。后来逐渐演变为陶、木、纸制的模型来代替。唐三彩实际上就是一种唐代帝王、贵族坟墓中的明器。"

著名文物学家史树青主编《淘宝速查手册》（文物出版社，2007年）中说："唐三彩器主要见于随葬的明器，死者生前的普通生活器皿，如瓶、钵、罐、盘、杯等均属常见。此外，有各种动物和人俑及建筑、家具等。"

王春城《鉴宝专家王春城谈陶瓷收藏》（北京出版社，2007年）一书中说："民国初期北京琉璃厂能经营唐三彩的古董店不多，因为唐三彩是明器，国人避讳。"

唐恺、曾莉娜《唐、宋、元古瓷收藏入门不可不知的金律》（山东美术出版社，2011年）一书中说："在收藏界中，陈设器的价值最高，实用器次之，收藏价值最低的是明器。由于唐三彩是唐代的一种非常典型的明器，所以在20世纪初期不入藏家法眼，甚至没有人收藏，国外的收藏家曾挑剔地只购买唐三彩中大型的作品。"

我们若打开网络，如点击量较大的精英网，会看见著名陶瓷收藏家对唐三彩的解释："唐三彩都是明器，是专门为陪葬用的一种器具，也叫明器。""一百年前的中国人，如果挖出唐三彩，一定当场砸掉，觉得不吉利。"这里说的是唐三彩都是明器，没有什么例外。若百度搜索"唐三彩"，出现的依然是"唐三彩在唐代时期作为随葬器使用，用于殡葬"。时至2022年初，网络上依然有一些陶瓷专家说唐三彩是明器，家中不宜摆放等。总之，我们的辞典、教科书、历史类读物、各类文物收藏图册、杂志报纸上的专题文章，大都依照惯例将唐三彩定性为陪葬品或明器。

从文物专家到为数颇多的收藏家，不少知名度极高的文玩鉴定专家，写唐代文化史的史学家，写唐题材的小说家、电视剧作家，等等，大多数人都认同唐三彩是明器这一结论。对武则天、唐玄宗等诸多唐人的历史功过还有争论，对唐代的越窑、邢窑等诸多窑口器皿的特性也还多有分歧与异见，但对唐三彩是明器的说法则未见明确的质疑与否定。

如果说20世纪出版《中国陶瓷史》时，因资料少人们只能有这样的认识，那么现在越来越多的唐三彩出土实物和研究已经动摇、否定了这一看法，但相关的专著或文章中还多因袭"唐三彩是明器"的观点，有的仅加上一句"只不过在唐代后期，出现了部分作为日常应用器的唐三彩"。

时至今日，唐三彩是明器的结论仍然在流行和传播，唐三彩基本上是陪葬品的历史定性依旧没有明确改变。2022年4月，在陕西历史博物馆的说明词里，对唐三彩的解释仍然是"多用于陪葬"。

2. 唐三彩被视为明器的由来

不须繁举，将唐三彩定性为明器，是沿用百年观点，这种认识

陕西历史博物馆说明词

是有缘由的：

（1）唐三彩是1905年在洛阳唐代古墓中发现的。其后唐三彩主要是从西安、洛阳两个唐代都城附近的墓葬出土。仅出于墓葬的随葬器皿，无疑应该是明器。

（2）常见的唐三彩以镇墓兽、十二生肖俑、力士俑、天王俑、文武官俑、仕女俑、房屋模型及禽兽动物俑等为主，而这些器型主要用于制作随葬品。

（3）《大唐开元礼》（民族出版社，2000年）、《唐会要》（上海古籍出版社，1991年）和《大唐六典》（三秦出版社，1996年）中，见有唐时的规定："凡丧葬，则供其明器之属。别敕葬者供，余并私备。

三品以上九十事，五品以上六十事，九品以上四十事。当圹、当野、祖明、地轴、鞯马、偶人，其高各一尺；其余音声队与僮仆之属，威仪服玩，各视生之品秩所有，以瓦木为之，其长率七寸。"鞯马、偶人、僮仆、威仪、服玩等，是给丧葬者"供其明器之属"的随葬用物，这一说法出自唐代多部官方文书，因此唐三彩是唐时所用明器这一说法，似乎是确定无疑的了。

而且这种说法不仅限于国内，在国际上也流行不衰。国外诸多的唐三彩在展示时，有标为唐代艺术品、雕塑品的，也有标为唐代陪葬品的。中国一些业内人士无法理解国外对唐三彩的追捧和抬举，只是因为唐三彩在国外拍卖价格很高，而不得不认可其是有艺术性的陪葬品。

（4）唐三彩是低温釉陶器，胎质较瓷器粗松，不如日常所用的瓷器那般具有防渗水功能，所以三彩器必是给亡人象征性使用的明器，不可能是日常生活的器物。

（5）另外，唐三彩器物含铅量高，日常生活使用不安全，故唐人只把唐三彩作为陪葬的明器。

总之，从20世纪初发现唐三彩后，唐三彩是明器的说法就长盛不衰。至今，国内外仍有不少人把唐三彩仅看作是陪葬的明器，甚至在博物馆的解说词中，也将其释为用于陪葬。人们似乎确信这就是唐三彩在唐代时的真实功用，很少有人提出明确的质疑或否定。真相果真如此吗？

我们现在能看到的唐三彩中，确实有相当数量的器物质地粗松，制作不精，不堪实用，且其一次性的特征较为明显，因而很多人理所当然的认定唐三彩为明器。现在的大多数人总是听信、跟随专家学者的说法，而专家学者又是沿袭上一代人的结论，于是，唐三彩为明器的说法便一直延续至今。

如果说民国时期的几十年间，及至20世纪70年代之前，唐三彩是明器的判断与结论不可动摇的话，那么，从20世纪七八十年代至今，这几十年间唐三彩的出土数量剧增，新的品类样型不断出现，大量的考古报告及文物普查信息逐步公布，官方和民间的收藏逐渐公开后，大量的实物资料和事实使我们不得不重新思考这一定论。

唐三彩在唐代那个历史时期，是不是就是专为陪葬用而烧制的明器呢？在唐人的日常生活中不使用唐三彩吗？唐三彩器和当时的陶器、瓷器的社会功用不一样吗？只有到唐后期才开始烧制作为日用品的唐三彩吗？大量新出土的唐三彩实物和新的研究资料，使我们开始质疑这一结论，唐三彩是民国以来文物界指称的名字，唐代并无此名号，目前可见的所有与此相关的唐代文献中，并没有这样的称谓说法。唐三彩是明器的结论，也是后人的说法。唐三彩在唐代的用途及社会属性，和我们今天的认知可能是完全不一样的。

百年以来的结论，如今已被大量的出土实物动摇、否定了。揭示历史的隐秘，用历史事实还原真相，理性的方法面对的只能是事实、是一千多年前唐代的社会生活事实。隐瞒事实或者回避事实，那就不是科学认知的态度了。

3. 唐三彩在中国陶瓷雕塑艺术史上的地位

20世纪70年代前，中国陶瓷类的图书并不丰富和流行，关注的人也很少。改革开放后，随着陶瓷拍卖的价格不断冲高，迅速暴富的陶瓷收藏家、鉴定专家、陶瓷研究者，以各类方式频频在电视或鉴宝活动上亮相，国内一度出现了陶瓷收藏热。

社会上的商业需求和知识需求，催生了一大批陶瓷收藏、鉴赏、掌故类的书籍、杂志、图册、视频等的出版和流行。大量的书籍图册中有质量很高的，如中国硅酸盐学会主编的《中国陶瓷史》、陈万里先生的《瓷器与浙江》《中国青瓷史略》、耿宝昌先生的《明清瓷器鉴定》、冯先铭先生的《冯先铭谈宋元陶瓷》等，读之使人受益匪浅。但也有相当一批图册的出版或是跟风谋利，或为吸人眼球，或意在提高著者在古玩行的知名度。即便是一些从业多年的专家所写的图书，也多是从考古发现窑址、窑口起源、陶瓷品种发展变化、器型、釉色、工艺、时代特征等方面进行论述，对陶瓷艺术性的审美特性则论述得很少，或压根不提。还有不少图书是专门研究陶瓷年代从而鉴定真伪的，或是记录并分析陶瓷拍卖的市场行情的，这类书着眼的是陶瓷藏品的市场价值与未来的升值空间。读这类书的人感兴趣的多是怎么"捡漏"，如何通过收藏发财，成为圈子里的名人。增值是其着眼点，因而电视鉴宝节目在判定一件器物后，最后总会有的一句话是："还有很大的升值空间。"

这些图书专著多笼统地将陶瓷归为工艺品、艺术品。一些陶瓷专家在鉴宝或讲课时，谈及陶瓷的价值时也往往要说其艺术性的高低，强调只有是艺术品的陶瓷才会有较高的价值。似乎承认艺术性的高低，才是认定和衡量陶瓷价值的一项重要指标。

但这些鉴宝专家所说的"艺术性"到底是什么呢？多是指器型的端正、秀美，釉色莹润、宝光内敛，器面上的开片美观自然，或者是烧出了难见成品的如郎窑红那样的釉色，而且物以稀为贵，若是皇家用器、官窑制品，或曾被某个名人收藏过，则更能在拍卖会上叫出高价。这似乎是把高档的陶瓷工艺品都等同于艺术品了，于是，集十几种釉彩于一身的乾隆时期多种釉彩大瓶就成了无法估价的艺术重器；拍价过亿的鬼谷子青花罐和据说是专门为妃子烧的鸡缸杯等就成了惊艳的罕世之宝了；据说存世只有几十件的官汝器、皇家秘色瓷、宋天目盏等就成了顶级艺术品的代表；明清皇室用器、景德镇御窑厂的产品，几乎就成了顶级艺术品的代名词。因此，这些陶瓷的价格不断升高，在拍卖会上动辄几个亿的拍价，想靠收藏发财的人也就越来越多。

但一件高价的陶瓷器就一定是艺术品吗？御窑厂不惜工本的产品就一定是艺术品吗？艺术品的特性是由其市场价格高低和工艺精巧所决定的吗？价格并不是衡量艺术品的标准，甚至连材质或工艺也不能完全决定一件作品是不是艺术品。北京故宫里的很多挂屏，都是用玉石、象牙、翡翠、珊瑚、金叶等组合成花鸟山水图像的，这些代表了皇家造办处匠师们的水准，价值高、数量少、工艺精，但它们还称不上是艺术品，只能看作工艺品。还有很多用稀有木材制成的家具、玉器、漆器、金银器等，也不一定就是艺术品。

美国斯坦福大学博物馆藏三彩马

如果观看过世界著名博物馆如纽约大都会博物馆、法国卢浮宫博物馆、东京国立博物馆、大英博物馆等展出的世人公认的艺术品，如果看见过胜利女神雕像、维纳斯雕像、埃尔金大理石雕等雕塑，在世界公认的艺术品之列中，能与它们比肩的，能让各大博物馆放在显著位置的，却是中国的唐三彩俑塑和造像，如唐三彩马、仕女俑、佛教造像等。

被人追捧的中国宋代五大名窑的陶瓷，确实是器型精巧宜人，釉若玉润，宝光内溢，但人们欣赏的主要是制瓷工艺的美妙。同样，受追捧的康熙至乾隆时期的皇家用器和明清官窑的精品，它们的确制作工艺高超，精细华丽，尤其是艳丽夺目的珐琅彩瓷器、乾隆皇帝喜爱的各色釉彩大瓶等，但人们看重的多是其难以超越的工艺技术或曾经被权贵使用过的经历，是能在拍卖场上拍出超高价格的市场价值。

若从造型艺术的角度和审美的人文内涵审视，还是唐代的三彩与造像最为特别，既吸收了商周青铜器的营养，还承受了秦汉或写实或浪漫的审美滋润。唐代时期出现了超越了工艺品的一种让观看者内心瞬间升华的生动，一种人之为人、智慧洋溢的领悟与感动，一种生命活力被注入雕塑品也能被观赏者感受到的共鸣与兴奋。

《周礼·考工记》一书中论述梓人为雕刻编钟支架上动物的章节说："凡攫杀、援噬之类，必深其爪，出其目，作其鳞之而。深其爪，出其目，作其鳞之而，则于视必拨尔而怒。"这是唐代之前中国少有的关于工匠制作雕刻的论述。这里的要旨却是人类雕塑艺术创作的不二法门，既重形也重神。通过动物爪、目、鳞的姿态动作，体现其内在的生命活力，使静态凝固的雕塑，能展示出此前或此后空间情节上的内蕴以及时间上的连续动作。以形传神，以神附形，形神兼备才有生命灵魂。一种超越时间、超越空间、超越民族、超

气势撼人的扬头驼在嘶鸣

越性别的人类天然的审美感受能力被激发出来了。这些雕塑品所蕴含的生命活力,已超越了工艺技术层面,而显示出了人类的智性创造能力。这是人类特有的对美的有意识的把控,和富有智慧能动创造性的实现,也是唐三彩能在世界艺术品之列被人们普遍承认、喜爱的原因。它高度显示了中国古代匠人们的审美能力和艺术创造能力,甚至在后世也无法超越。

那么,工艺品和艺术品的区别在哪里?随着人类科技水平的不断提高,再精致的工艺品或许都是可以复制的。但艺术品中的人的感情、情绪,潜意识下创造性的灵光一现,不可重复再现的冲动与妙悟的瞬间捕捉,却是任何科学技术都无法完成的。

你能再画一幅蒙娜丽莎么？你能再雕一尊青州佛像么？艺术品的珍贵正在于其不可再生性。

这种艺术美的高度并不是随着时间的推进后人就能超越的。如果认识不到这一点，把工艺品等同于艺术品，仅仅用价格高低作为衡量艺术的标准，还认为世界上所有人的审美心态和价值标准都与自己的相同，那就只能处在一种被人鄙视的地位了。

著者在国外和老收藏家交流

二 唐三彩的实物与资料

1. 20世纪50年代前的情况

从多位当事人、知情人的口述史、回忆录、随笔中我们得知，清代光绪三十一年（1905）前后，修建陇海铁路郑州到潼关段时，洛阳城北到邙山一带的唐墓中出土了唐三彩马、骆驼、人俑等多类器物。因这些唐墓出土的器物上多有黄、绿、蓝、白等多种色彩，故称之为唐三彩。三彩意指颜色多样，并非是指只有三种颜色，出土的唐三彩中就包含单色、双色或三色以上的。唐三彩不同于青瓷或白瓷，是一种以白色黏土作胎、经低温烧制的釉陶器。但当时的人们以墓中出土物为晦气不洁的物件，故而多将其砸碎或抛撒野外，并没有当回事。

此后在洛阳南部的关林、龙门和西边的谷水等地，也陆续有唐三彩出土。有些色彩艳丽的，流向了古玩商店，被一些收集古董的外国人看上购买。有文献说当时因外国收藏家多从雕塑的眼光欣赏唐三彩，认为是艺术品，多爱收购大件器物，故而很多大件唐三彩为装箱和远途运输方便，都被打碎进行转运买卖。

由于有人购买、收藏唐三彩，文物贩子们便到唐三彩的出土地洛阳到处收罗。于是在民国年间，洛阳一带又一次出现了盗墓热潮。从洛阳北乡到城郊东乡的塔湾、史家湾、杨凹、马坡、北窑等地，时见有人公开挖墓盗掘唐三彩。有人统计，在1949年前，洛阳及周边地区大约出土了5000多方墓志。根据统计概率，以大约10座墓出土一方墓志的比例估算，则遭到盗掘的古墓约有5万处。再按照平均每座墓出土10件文物的概率估算，当时出土的文物应在50万件左右，而其中很大一部分都流失到了国外。这么多文物中有多少件是唐三彩不得而知，可以肯定的是其中有不少是唐三彩。

北京的几位古文化学者，如王维国、罗振玉等人对这些器物颇为重视。他们认为唐三彩是唐代珍贵的艺术品，但在以往的文献典籍中缺乏描述与记载。1908年罗振玉在其所著《俑庐日札》中即指出：唐代"北方古冢中明器除盘、匜、尊、罍、瓮、瓿、井臼、车器外，更有牛羊、犬豕、鸡凫、驼马之属，欧美人争购之。其陶器之上有绿色粗釉，现金银光采者，价尤昂，俗谓之金银釉"。这大概是指那些返铅（所谓"出银片"）的釉陶器了。汉代的绿釉陶器上最常见有返铅的银片，这也成了一些古玩商人鉴定古釉陶器的一项标准。

1916年印行的《古明器图录》中，已经收录了唐三彩。唐三彩越来越引起人们的兴趣，特别是外国收藏家们的认可和追捧，使得中国人对唐三彩的看法也开始发生了变化。

因为有外国人或京城收藏家的购买，加之中国古文物学家的重视，北京的古玩行里也有几家开始收购并出售唐三彩。这个时期有一批精美的特别是大中型的唐三彩骏马俑、骆驼俑、天王俑、力士俑、仕女俑等流向了国外，其中一些至今仍在英、美、法、日等国的收藏家手中或在博物馆中陈列展出。当然，因为受出售古董的高额利益驱使，这个时期也开始有人仿烧唐三彩做旧后当古董出售。民国时期北京的大古董商岳彬等人的仿制品如唐三彩马，已经有点乱真了，常使一些人上当。

这时期在河南洛阳以外，陕西西安城郊唐墓、渭北唐陵地区及江苏、河北等地，也陆续都有唐三彩出土。民间的唐三彩收藏品也多是来自这一时期。长达几十年的积累，数量不会少，但到底有多少因无法统计就不得而知了。

之后二三十年的时间里，受战争的影响，唐三彩的出土物和仿品已经比较稀少了。这种情况一直延续到1950年前后。但在20世纪六七十年代之前的几十年间，国内有些人已经收藏了相当数量的唐三彩，包括罗振玉、郑振铎等收藏家，主要都是清代光绪三十一年后出土的器物。

2.20世纪50年代后出土的情况

随着国共内战和抗美援朝战争的结束，中国陆续开展大规模经济生产活动，如：新建工厂，新建公路、铁路、开矿、修水库，农村烧砖挖土、平整土地等，随着这些活动的进行，地下墓葬或遗址中的各种古代遗物包括三彩器也陆续出土了。因为动土的区域很大，时间也很长，这个时期出土的三彩器也比之前大为增多。

也正是因为当时的古墓葬、古遗址发现得越来越多，进入国家编制的、由众多专业人员组成的考古机构相继在各省市应需出现了，如陕西省考古研究院就是1958年成立的。

赵康民《临潼唐庆山寺舍利塔基精室清理记》（《文博》，1985年第5期）报告说："县属新丰砖瓦厂在该厂南原取土制砖，在距地表6米深处发现一座砖砌券室。""上方舍利塔记碑竖于甬道口正中央，线雕石门安装于甬道和主室之间，两只三彩护法狮子俯卧石门两边，石雕舍利宝帐置于工字须弥座上，紧挨北壁正中位置。"

另据研究统计，仅洛阳市区发现唐三彩的地点已达20处以上，出土的唐三彩已有500件之多。1957年，在河南巩义市黄冶村附近发现了唐三彩窑址，经过几次发掘，在唐三彩窑址区的第二烧造区东北部，清理出8座平面近似马蹄形的唐代窑炉。另外，还清理出了大量的窑具和半成品残件，以及完整的或可复原的三彩器物。

西安在修建地铁时，也陆续发现不少唐代墓葬。

总之，1950年后至今的七十多年间，国内陕西、河南、江苏、四川、甘肃、河北、安徽、广东、辽宁、山东等地，都有发现唐三彩器物或唐窑遗址。国外的考古报告或新闻中，如日本、韩国、伊拉克、埃及、伊朗等地，也有发现唐三彩的消息报道。

此外，民间收藏中，一些老收藏家如郑振铎先生1952年就向故宫博物院捐献了655件陶俑，其中不乏珍贵的唐三彩骏马、三彩骆驼、三彩文官俑等。总之，民间私人手里收藏有唐三彩是无可置疑的事实，只是其收藏的数量无法统计。

3. 唐三彩的流向归宿

1950年至今的七十多年间，唐三彩的流向归宿是多样化的：

（1）各省、各地市考古部门在对唐墓、唐遗址的发掘清理时，都有完备的记录资料，出土物品也都归国家所有。

考古发掘出的唐三彩，一部分在考古单位资料室或仓库中存放，有一些则在博物馆中陈列展出。而尤其受人喜爱的唐三彩，多在各地博物馆中常年陈列展出，如中国国家博物馆、故宫博物院、陕西历史博物馆、西安博物院、河南博物院、郑州博物馆、洛阳博物馆、上海博物馆、甘肃省博物馆、内蒙古博物院、辽宁省博物馆、扬州博物馆、徐州博物馆等多家博物馆中都有唐三彩长期展出。

（2）根据我国法律政策，我国境内地下遗存的一切文物，属于国家所有。因此在多地的私人土建中，如打井、垫圈挖土、盖房时发现的唐三彩，也都上交给了相关文物部门。上交的数量有多少，未见有权威部门的统计报告。也有一部分人在发现唐三彩后选择私藏而不上交，可能是出于不清楚文物法规或不愿意无偿上交或居住

西安博物院藏骑马俑

偏远不便送交等原因。

在20世纪70年代前,古墓里出土的东西人们多是不要的,那些出土的带老锈的青铜器,如铜鼎、铜簋等,很多被当作废铜烂铁卖给了废品收购站,人们并不把这些东西当回事。报纸上也经常有在废品收购站里发现珍贵文物的新闻。

1965年9月,陕西玉泉的一个废品收购站里,在一车即将拉往炼钢厂的废铜烂铁中,有人拣出了一件锈迹斑斑的青铜器。这是一位农民送来的,卖了30元钱。后经博物馆人员鉴定释读,此器名"何尊",是最早出现"中国"两字的青铜器,现属国家一级文物,禁止出国（境）展览。

20世纪80年代前，著者在下乡调研时，在陕西、山西、河南、青海、甘肃等省较偏远的农村住家后院或墙根下，常能看见有磨光石斧、汉瓦当、秦汉陶罐、莲花纹砖、陶俑等老物件。起先是没有人当回事的，大概80年代初，有人开始下乡收购了。久而久之，人们知道这些出土老物件能卖钱了，私下收藏或转让便开始了。

但改革开放之前，农民陆陆续续上交的文物也有一定的数量，多在各地的市、县博物馆或文管所存放。有些地方因出土文物太多，库房里放不下，所以农民上交的普通的陶盆、陶罐因库房堆满而无法收购，最终也被损毁或丢弃。20世纪70年代，陕西西安郊区一户农民在家挖土时，挖到一个坛子，农民打开一看，里边全是金子。这位农民知道政策，便全交给了政府，其中有重11斤的唐代金箔和几条精美的唐代金龙，之后曾多次在陕西历史博物馆中展出。

（3）私人意外得到又收藏的唐三彩。近三四十年来，因为改革开放后出现了古玩收藏热，古玩特别是唐三彩的价格不菲，于是私下流通或收藏唐三彩的行为逐渐增多。

20世纪五六十年代至70年代初，陕西农民田间劳作时，若无意中发现墓中的唐三彩或土陶俑，仍有相当一部分人怕沾染晦气而将其打碎毁掉或弃之荒野。因此，这期间被私下发现并毁掉的唐三彩也有一定的数量，只是无法统计而已。而当有人专门上门购买唐三彩后，农民便开始注意收集，丢弃的重新找了回来，破碎的黏一黏也卖了出去，更不会将新发现的三彩器打碎了。

（4）国外拍卖或个人收藏的唐三彩。因唐三彩的市场价格很高，因而近几十年来新出土的相当数量的唐三彩，或原先曾被人收藏过的唐三彩，有一部分通过走私流通到了中国香港、中国澳门等地区及英、美、法、日等多国。

1989年12月12日，苏富比拍卖的唐三彩黑马在英国伦敦以495.5万英镑成交，引起了收藏界的广泛关注。著者在国外的博物馆，如美国大都会博物馆、美国国立亚洲艺术博物馆、旧金山艺术博物馆、洛杉矶郡艺术博物馆、哈佛大学艺术博物馆、芝加哥艺术博物馆、斯坦福大学博物馆、明尼阿波利斯美术馆、丹佛美术馆、卢浮宫博物馆、东京国立博物馆、俄罗斯国家东方艺术博物馆等处，都见到有唐三彩精品展出。

国外的一些古董店里，如日本、美国、法国、英国等地也有唐三彩出售。国外还有很多唐三彩的收藏家和文物爱好者，包括华人和外国人，也通过多种方式收藏中国的唐三彩，既有通过大小拍卖会所得，也有从古董市场上收罗的。

美国大都会博物馆藏唐三彩马头

著者不仅在奈良的日本人家里看到了摆放着的唐三彩骏马真品，还在华盛顿一位退休的美国老人家里见到了几十件唐三彩，多是从各种拍卖会上买来的。华盛顿近郊小镇一位美籍华人家里甚至有一对高达一米多的大型唐三彩天王俑，是俗称大开门的"一眼货"，据说是从中国港、澳地区转运到美国的，很难想象这样大的器物是怎么运过去的。

（5）改革开放的三四十年以来，随着国内文物古董收藏群体的迅速扩大，多数省会城市或经济繁荣的地市，乃至一些县城，都有了古玩城、古玩一条街、古玩地摊集市，古玩店之类的店铺也纷纷开始营业。多地的国外文物回流展上，也能看到唐三彩的流通买卖。因为有人愿意购买收藏，一些从未见过报道的民间私有的唐三彩便开始流通了。

有些博物馆从民间征集到了唐三彩，各地电视台的鉴宝节目上也多见有唐三彩出现，网络上还经常有人发布私藏的唐三彩请专家鉴定真伪。西安和洛阳出现了经政府批准的唐三彩专题艺术博物馆。在西安的陕西唐三彩艺术博物馆里，馆藏的唐三彩就多达600件以上，许多品种都是以前没见过的。据博物馆人员介绍，其中有200多件唐三彩是花巨款从澳门买回来的。

一些收藏者从中国香港、中国澳门以及日本、欧美等地购买唐三彩，但实际上中国香港、中国澳门和欧美国家的唐三彩都是从中国内地走私流出的。

尽管唐三彩在人们的认知里是明器，各种书报杂志或网络上也有家中不宜摆放唐三彩的文章，但由于造型的艺术魅力，加之色彩的独特艳丽，唐三彩在国内外艺术品拍卖中的价格很高，如中国陕西的一位收藏家买回的一匹唐三彩黑釉马，就高达上千万元人民币。

二 唐三彩的实物与资料

陕西唐三彩艺术博物馆藏品

现在人们已经把唐三彩看作珍贵的收藏品了,很少有人再像过去那样随便砸碎或抛弃了。但是以唐代唐三彩价格出售的高仿品也越来越多,仿品越做越逼真,令很多收藏者上当受骗,而且这种情况绝非少数人遇到,甚至有许多人因为怕上当而不敢购买、也不敢收藏唐三彩。

4. 唐三彩存世量的变化

近几十年来，国内唐三彩的存世量发生了很大的变化，新出土的唐三彩屡见报道，《文物》《考古》《文博》等专业刊物上也有相关的考古资料不断发表。根据这些新发现，至少可以得出以下两个方面的结论：

一是唐三彩器物的存世量有了较大的增长。在多地、多国的博物馆中，在国内外的很多古玩店里，可以见到很多过去未见的新样式或新器型。在陕西唐三彩艺术博物馆收藏的唐三彩中，人俑有高达一米六的也有仅两厘米高的。另外，在地处江南的苏州博物馆以及一些非唐三彩主要出土地的博物馆如海南博物馆里，也都有唐三彩的展陈。

二是唐三彩的信息与资料也比之前大大丰富，如唐三彩器物出土地点逐渐多样化，唐三彩窑址和残器的数量逐渐增多等。各种考古报告及相关研究论文日渐增多，网络上也有大量的此类信息，给研究者和爱好者的学习交流提供了方便。

唐三彩是唐时的器物，自然只能从地下或水中遗址发现，其历史、艺术、文物价值是不言而喻的。而从民国以来的仿制的唐三彩，特别是近年来利用高科技手段制作的高仿品，自然应归于工艺美术品之列，和一千多年前的唐三彩所具有的文物属性、艺术特质、工艺特色完全不可相提并论。其价值和唐代的唐三彩，也是有天壤之别的。因而许多在古玩地摊上、古玩店里、国外文物回流展上出现过的到代唐三彩，在私下流通中价格不断提高。这也是人们常说的换手率推高了文物的市场价值。这种换手现在变得愈发隐秘，数量不小，且难以统计。而且到代唐三彩一旦到了收藏人手里，便不会轻易公开出现了，使统计估量变得更加困难。

唐三彩主要在以下几种活动中出土：

（1）考古活动中出土

随着各省市考古专业机构的出现，由考古专业人员以科学手段按国际标准进行的考古发掘已成为常态。仅以陕西省为例，先后发现唐代墓葬及墓葬群上千处，发现唐代长安城市遗址区上百处。在全国三次文物大面积普查的基础上，大、中、小型的考古发掘长年不断进行。例如：在铜川市黄堡镇古耀州窑遗址区发现了唐三彩残件和碎片千件以上。在西安大明宫遗址区、临潼华清宫御汤遗址区、临潼唐代庆山寺遗址区、西安青龙寺、大唐西市遗址、唐代东市遗址、西郊老飞机场唐窑址区等地，都有唐三彩完整器、残器、大量三彩瓷片出土。

由于近年来非法盗掘古墓的出现，促使各地的文物单位也加紧了工作。不断有新闻报道多地开展考古发掘的消息，每年的考古成果发布成了人们关注的新闻。这些发掘出的实物，保存在文物单位仓库或在博物馆中展出。多有考古报告和简报类的文章，见于相关的杂志或书籍。

各省文物部门编写出版的历史文物地图集中，也有已通过考古发现唐三彩的古墓资料。这些古墓的信息对于研究唐三彩的社会属性、唐三彩的分期、唐代礼法制度等方面都极为重要，是可靠且不可或缺的资料。

（2）生产、生活活动中出土

在未曾停止过的乡村生产、生活活动过程中，不断有包括唐三彩在内的物器出土。例如农村过去畜养牲畜时，都要在村子周围区域挖黄土垫圈。这也是积攒农家肥以进行农田施肥的必需性工作，因此家家户户从未停止过挖源取土，日积月累也挖出了不少东西。

过去农村盖房要挖土、打土墙、打土坯，还有挖地基也是必须要进行的工作。另外，贮存红薯、洋芋等农产品过冬防寒时，许多农家都要挖地窨子。诸如此类的几代人都延续不止的活动，往往会从土中挖出青铜器、陶器、铜钱、唐三彩等意想不到的器物。这方面的消息时见于新闻，但更多出土物是没人去上报或上交，也没有记录的。农村人顺手丢在地头或家后院是最普遍的现象，自然也无法进行准确的统计了。

一些集体性的文物出土事件会有风声外漏，如武威农民集体发现铜奔马、西安建国路基建工地一群工人发现并私分唐金银器等。尽管出土的文物有个别损坏了或丢失了，但大多数最后还是被国家有关部门收回了。

近几十年来有许多收藏家、文物贩子多去农村收购。农村也有很多人靠倒卖文物为生，靠贩卖文物盖房和发家的人不在少数。其中有在田野间自然获得的，也有的是通过盗墓非法所得或倒手买卖而来的。这是一个不小的量，但谁也无法准确估计数量。

（3）砖瓦厂出土

城市扩建或工厂盖厂房等活动中，都需要大量砖瓦，因而城市、县城甚至一些人口密集的乡镇，都建有专门烧砖瓦或烧陶盆、陶罐、缸瓮的砖瓦厂。

这些砖瓦厂多选在取土方便的乡村周边地区，每天工人们都要挖地取土练泥制坯，往往挖出数百上千亩的土方，开挖的土方量是天文数字。而在取土过程中，经常会挖出陶器、石器、玉器、青铜器、三彩器等文物，如临潼庆山寺遗址地宫就是砖瓦厂在挖地取土时发现的，出土了多件唐三彩和佛舍利。当然也有一部分物件流向了古玩市场，因而有的收藏者和文物贩子都与一些地方的工作人员保持往来，希望以较高的价格优先收购地下出土器物，因此，很多珍品是不出现在古玩地摊或店铺柜台的，而如此购得的藏品日渐丰富后，便开始有了各种私人博物馆。对此，收藏圈内的说法是"有一线货路子"，"好货嫌贫爱富"。

文物流动屡禁不止，地下交易从来就没有停止过。这种情况已经有上百年了。这是在私下进行的交易，和专门盗墓出卖地下文物还有所不同，但买卖双方都怕出事，因而买卖双方都保守秘密，看货交钱即刻走人，这是大家都心照不宣的规矩，没有人打听对方的信息。几十年不间断的挖地取土，古玩地摊市场上也能不断见到新出土的陶器、石器、玉器、唐三彩，乃至于青铜器等。

（4）平整土地过程中发现

多年来我国不但在农村广泛平整土地，在城市也因为扩建开辟道路而平整土地。唐长安城从北边龙首原上的大明宫到南边乐游原上的青龙寺，间隔起伏有六条高岗，地形高差近百米。而在20世纪60年代至七八十年代，西安郊区推行"农业学大寨"的一项重要活动，就是利用人力和机械大规模开展平整土地的工程，经过不断开挖建设，地形已近乎平地。

在平整土地中，陆陆续续有一些有人发现或拾到唐三彩的传闻，要么是挖掘到了唐墓、窖藏或密室，要么是在土中发现了以往盗墓贼抛弃的包括唐三彩在内的明器。西安作为历史上的唐代都城，唐代皇陵及皇室、贵族、达官等的墓葬，多在西安周边以及渭河北岸的黄土高原区埋葬。因此，从乾县、礼泉到泾阳、高陵、三原、富平，近一百五十多公里长的区域内，唐人墓葬不止数千座，其中出土唐三彩是必然的，只是无法统计出处和数量了。

（5）城市基建中出土

以西安市为例，现在的城墙以内的面积仅是唐长安城的八分之一左右。因而在长达几十年的城市及郊区修路、开挖地下水沟、铺设地下线缆、修建地下防空洞，以及建楼打地基的过程中，时不时有地下器物出土。1970年，西安市南郊何家村发现唐代窖藏文物的新闻轰动一时，出土的金银器、玉器、钱币、铜器、药物等多达千余件，而这一片正是唐代兴化坊的中部偏西南区域。1975年，在西安城南草场坡村、原唐长安城永乐坊东南部的唐宰相张说府宅故地又出土两件鎏金铁芯铜龙，后在陕西历史博物馆中展出。

平时基建挖出的单件的陶俑、三彩俑、瓷器等器物无法统计，因此以前有人专门驻守在基建工地，用钱、粮票收购或用物品交换出土的器物。据说20世纪80年代初期，几盒香烟就能换到一个二十厘米的唐俑。还有些收藏者事先给挖掘的作业者预付一笔钱，之后若有出土的器物也就自然到了出钱人的手里。

因此，在古玩市场上，时不时能见到一些出土不久的生坑件。但绝大部分物件，特别是贵重品，往往不经过地摊或市场而直接到了收藏者的手中或转卖到了境外。虽明令禁止买卖，古玩市场也经常有文物执法人员突击检查，但百密一疏，这也是收藏者能够入手收藏品的原因。

各类非国有博物馆中的展品，并非都是自盗墓者的手中购买的，很多是以私人之间的流通来进行交易的，有些还是经二手、三手，甚至多道转手才到了真正想收藏的人手中。据说这方面的转手交易也有条严格的规矩，即买家只看东西真伪说价钱，不能问东西的来路和卖者的情况。问了也不回答，问多了卖家收起器物便走人，从此再不见面交易。因而文物市场中流通的一些真品、精品、珍品，乃至博物馆中可能都罕有的极品，往往有一股浓厚的历史特质与气息，可惜没有相关的出土信息。视而不见或不承认这些是可笑的，因为近百年来民间积累了难以计数的出土文物。人们慢慢知道出土文物值钱了，散落民间的古物有人买卖了，还有古玩商店了。古玩的价格不断上涨，电视鉴宝节目用噱头和高价吸引人，拍卖会上拍品的增值动辄几千万甚至上亿，收藏的人也就越来越多了。这是中国在特殊时期、特殊国情、特殊原因下才出现的现象，是完全可以理解的，也是人所共知的。一些专家或管理人员回避这些现象的存在，不承认民间有大量文物收藏品存在，也是言不由衷的，是背离社会真实状态的。

（6）建筑工程中出土

近三十多年来，中国连续不断地进行了一些前所未有的大型工程和超大型工程，如全国范围内修建高速公路和高速铁路、南水北调工程、西气东输工程、修建三峡水库等。另外，还有很多城市开始修建地铁，仅西安一城最早的两条地铁线便挖到了包括唐墓在内的300多座古墓。而据2021年新闻报道，西安在2020年扩建西安咸阳国际机场和修建地铁八号线时，平均每天就有10座古墓葬遗址出现。在这些基建工程中发现的唐墓里，就有著名的上官婉儿墓和薛绍墓。

有国家考古专业人员挖掘的文物会由国家相关部门收藏，但有相当数量的民间工程，并没有考古人员去往现场。为了工程进度和压缩停工费等原因，相当多的包裹在泥土石砾中的文物，或被人拿走，或破碎成片，或被掩埋在地下了。被人拿走的器物中，有一些被人收购了。故而在建筑工程的施工期，古玩地摊和古玩市场上时常能碰到生坑器物。而在此建筑活动之前或此后，市场上的生坑器明显减少，更不要说看见精品。文物贩子也说现在下去收不到"货"了，下去转几个星期连点真东西也遇不到。有些被盗过的墓葬甚至已经被人反复挖过多次了，真东西是越来越难见到了。

（7）盗墓导致文物流失

近几十年来，盗墓成为中国又一大奇观，这种遍及全国的、长时段的盗墓风潮具有时代特色。

首先，近几十年来《盗墓笔记》之类的小说风行不减，有关盗墓的电影、电视剧相继出现，公安部门破获盗墓案件的电视专题片也越来越多。中央电视台"探索·发现"栏目以考古发掘古墓为内容的节目中，时有因盗墓引发抢救性发掘的案例。盗掘古墓已成为全社会仇视、打击，却长达几十年禁而不绝的社会现象。

其次，20世纪80年代，"若要富，挖古墓"的顺口溜在群众中流行。许多村落里，几乎是全村大多数劳动力都热衷于挖掘古墓。甘肃礼县大堡子山秦代古墓群被挖得整个翻了一遍，最多时有数万人参与挖墓。该地出土的金饰品被卖到国外展览，中国领导人在国外访问期间发现后，才引起国内的重视。而等到派人去古墓现场时，地下的古墓已毁得很彻底了。

这不是个案。据新闻报道，在西安蓝田地区，出现了宋代著名的"蓝田四吕"的后代盗掘祖先古墓的情况。在一些古墓葬密集的地区，甚至出现了县域基层公安与盗墓者联手的现象。

在网络上，曾有人统计称，全国至少有30万座古墓已被盗掘。盗墓者运用现代仪器如微型探头、红外夜视仪、特殊炸药和多种便捷工具进行挖掘，而且形成了探、挖、藏、运、卖的一条龙产业链。

中国海关经常查获走私和出境的出土文物，中央电视台及多地电视台均有报道。据新闻报道："根据国家文物局发布的最新数据，'十三五'期间，流失文物追索返还取得突破性进展。英国、美国、意大利、日本、埃及等国共计向我国返还1300余件（套）中国流失文物……其中，唐三彩七星盘1套8件。"

2020年8月20日，公安部刑侦局发布消息，在与国家文物局联手打击文物犯罪专项行动三年以来，全国公安机关共打击犯罪团伙750余个。抓获犯罪嫌疑人5860余名，破获文物犯罪案件3481余起，追缴文物已逾4万多件。

因为没有权威部门正式的数据，我们无法准确得知全国有多少古墓葬被盗掘，更无法估算有多少文物被盗掘。但有一些学者预估，几十年来被盗挖的古文物总数至少有200万件。其中，被公安和海关收缴了一部分，成为国家所有了。但还有为数不少的出土文物已被多次转手倒卖，其中一部分已流失到国外，因为那里可以自由拍卖，价格远高于国内，因而很多被人们视为珍品、极品的，已偷偷转卖海外了。

还有一部分在国内的收藏家手中，或者在古董贩子手里。有时偶然在古董店还能见到生坑出土的器物，如老铜镜、老瓷器、古陶器等，其中也有土腥味极为明显的唐三彩器。因为西安和洛阳是唐三彩出土较多的区域，故而收藏唐三彩的人比较多，使得很多外地零星出土的唐三彩器物也多流向这些区域。正如甘肃人玩彩陶，北京人玩瓷和家具一样，唐三彩在西安和洛阳的多家博物馆中大放异彩，其数量之多、类型之多，吸引了很多人前去观看。其中一些成对成列的群体组合类唐三彩，如西安博物院的一组唐宫女俑，皇室墓中出土的重器大件等，都是在外地极少见到的。这两地的古玩市场上，真真假假的唐三彩也很多见。有些柜台上摆的是新仿的唐三彩工艺品，而真品唐三彩藏在柜子里边，店主聊天后确认的确是买家后才拿出来说价交易。

唐三彩的数量明显变多，已是不争的事实了。如果说现在要再搞什么专项运动或强行上交充公，很可能又有大部分真器通过地下被转卖到国外，或者被私下毁掉。法制不妥善，对民族历史文化的保存会有极大的负面伤害。

5. 唐三彩研究中的变化与不变

唐三彩作为一种唐代遗留下来的珍贵器物，近几十年来的研究情况发生了很多改变。

第一，唐三彩的出土地更加多样化。从20世纪在洛阳唐墓中发现唐三彩开始，唐三彩多是在墓葬中发现。但其后的若干年里，特别是随着多次文物普查和考古发掘，在唐墓之外，诸如在唐代的祭天与祭祖场所，在唐代的烧制陶瓷的窑场遗址，在唐代的寺院或庙观的地宫里，在唐代的商品交易市场遗址区，在唐代的居民生活区域内，在唐代帝王的皇家宫苑里，甚至在东南亚、欧洲、非洲等国家和地区，都发现了唐三彩完整器或残件。

不只是在墓葬里发现了唐三彩，在墓葬之外的发现也不是个案、孤例，不是仅一件、两件的发现。这不能不引发人们的思考：若唐三彩就是有特定用途的明器的话，为什么在唐时的祭坛、宫廷、寺庙、市场、居住区等场所内，会发现有多种三彩实物的存在呢？唐人比我们更为迷信生死鬼神，有阴阳大防之禁忌，难道他们会把死人的专用物品到处摆放使用吗？

第二，唐三彩的出土类型多样化。唐代墓葬中出土的三彩器多是镇墓兽、天王俑、力士俑、文武官俑、男女侍俑、马俑、骆驼俑、房屋模型及盘、罐等，这是唐人受"事死如事生"观念影响将阳世生活再现于阴世的体现，同时也表现了他们希望避凶煞、恐骇鬼邪，求得另世安全的想法。然而，现在已发现的唐三彩的品种类型，大大超出了陪葬明器的范围，且有许多器物压根是不可能当作明器下葬的，例如唐三彩如来佛尊像、唐三彩菩萨像，还有供佛的唐三彩香炉、三彩净瓶、三彩高脚杯等。在重佛、拜佛甚至敬畏佛教、迷信因果报应的唐代，应该没有人敢把诸多唐三彩佛、三彩菩萨像当明器埋葬。

另外，还发现了唐三彩陆羽像、儿童玩具、瓷枕，有明显使用痕迹的文具、盘子、化妆盒、水杯、灯台、熏香炉和一些在结婚、庆生等场合使用的器具等，甚至还有发现过情趣玩具类三彩雕塑。这些唐三彩器物几乎涵盖了当时生活的方方面面，既有至少有十多种器物的器型和当时的陶器、瓷器一样，也有如唐三彩绣球、朱雀、山水、微缩景观等器物，与当时其他质地的同种器物造型不同。

第三，烧制唐三彩的窑址在多地不断出现。据统计，在河南洛阳巩义黄冶窑和陕西铜川耀州窑之外，在多省至少有20处以上的唐三彩窑址得到证实，其中有些窑是专门烧唐三彩的，也有些窑是烧陶器、瓷器兼烧唐三彩的。

在甘肃曾发现高达一米六的巨型三彩俑，这么大的陶质三彩俑，不大可能是从千里之外的河南或陕西运送过去的，很可能是本地窑场烧制的。但这样的三彩窑址至今尚未在甘肃发现，故而也未能列入已统计的20处窑址。尚不知道的那些唐三彩窑址烧出的唐三彩应该也不会很少，这对我们统计并比对唐代时唐三彩的用途、性质、存世量，有着十分重要的意义。

第四，唐三彩的类型增多，打破了传统的"只是明器"的说法。唐三彩中有几乎和真人身高相当的人物俑，有一米多高的伟岸雄壮的骏马俑、骆驼俑，也有指甲盖大的粉盒或小猴子、小鸟、小狗等玩具。这些很可能是陈设器，或是宗教场所的摆放品，或是女性化妆工具，或是儿童玩具。还有唐三彩花插立件、动物形状的手塑器等，应当是唐人的生活实用器具。这些实用器物上的使用痕迹说明，即便是从墓葬中出土，也是亡者生前使用并喜爱的器物，是主人使用多年后被当作随葬品下葬，并非专门作为明器而入土的。

第五，由于多地长期的考古发掘，唐三彩的存世量也明显发生了变化。私人收藏的无法统计，仅就国内多省市的考古研究院、文管所、文物库房、文物修复工作室以及各地博物馆或大学收藏的唐三彩估计，其数量不再是过去约估的一两千件，而是近万件或超万件了。

　　仅西安、洛阳两地的多家博物馆、文物仓库中,就至少有3000件左右的唐三彩实物器。还有很多残破的碎片在拼接复原中,这需要漫长的时间。洛阳的文物工作人员透露,仅洛阳地区收藏的唐三彩就已超过2000多件。加上国内其他省市的博物馆藏品、国内外大学科研机构的藏品、古玩或拍卖行的藏品以及私人藏家的藏品,可想而知,现在存世的唐三彩数量,较三四十年前已有了明显的大幅度的变化。

　　从上文可见,唐三彩的数量、类型、窑址、出土地点等情况都发生了变化,而这些变化从多方面说明了原先认定唐三彩都是明器的结论是站不住脚的,逻辑上也是讲不通的,与唐代的历史真实是不相符合的。但至今流行的说法,仍是百年前刚发现唐三彩时的结论。这种情形也不奇怪。在甲骨文未发现未破译的清末民国初期,国外的汉学家们和国内学术界,几乎都只承认中国有周代,周之前有殷商是没人相信的。但随着殷商时代特别是安阳宫殿区墓葬区的发掘,出土的甲骨文上帝王年号的逐渐确定,国内外对西周之前的殷商王朝也改为持肯定态度了。而殷商之前的夏代,尽管有史料有传说,也有一些历史年代的遗址如山西陶寺文化遗址等,但因未发现有文字方面的史料,故而至今仍在讨论和争论之中。

　　今天我们面对大量唐三彩的实物资料和出土信息,明显感到"唐三彩是专用明器"的旧说法已经被动摇了。新的信息、新的证据都在提示我们,已经误判了百余年并讹传至今的说法是不符合唐代历史事实的,面对这些证据,我们的认识也应该有所转变了。

三 唐三彩的种类

需要说明的是,本文引举的唐三彩器物图,是作者多年来拍摄的,大多是国内外各地博物馆的展品,少数拍摄于国外多地的古董店,其中还有极少数是国外老收藏家的藏品或摄于国内多处古玩回流交易会的摊铺上,历久地易,不能一一标明出处。

这里除在博物馆展出的和收藏界已经认定为唐代的真品外,其余器物依据其造型、神韵、胎质、开片特征、古旧历史感、盐钙自然渍迹、釉色时代特质、蛤蜊光状态等方面综合判断后,基本上认定为是唐代的三彩器。但由于看到唐三彩器时条件的限制,对器物观察的时间有限,其中可能也有个别或是晚唐五代的三彩器。

对唐三彩的历史断代和真伪鉴定是一个多层面的话题,非片、胎釉等几个方面的特征就能论证。同时要指出的是,本书中论述的真伪鉴定标准仅为一家之言,意在与喜好和研究唐三彩的收藏人相互交流,而不敢自命为这就是唯一的鉴定标准。对唐三彩的历史断代和真伪鉴定的复杂性,将在本书最后章节另有论述。

这些被认定为唐代的三彩器物,种类丰富,说明了三彩器在唐代具有社会通用性质。

1. 圣贤偶像崇拜人物类唐三彩

常见的人物类唐三彩,有天王、力士、文官俑、武官俑、仕女俑、乐舞俑、胡人俑。除了在墓葬出土外,还有在唐代的寺庙遗址、窑场遗址,或坊内房屋遗址等地出土的人物俑。这些器物多数也不会是作为明器的,因为他们是不同寻常的圣贤偶像,和一些受当时民众崇拜的人物塑像。

这些唐三彩塑像基本上都是1990年之前出现的,有的出现的时间还更早一些。出现时间的早晚,也是判断真伪时需要考虑的因素,这一点很重要。

这些人物类唐三彩塑像是陆陆续续出现的,近年来基本上很少见到新出土的。相对来讲,这类唐三彩塑像保存得比较好,大概因为是佛像或菩萨像,在几十年前出土时,人们怕遭报应而不敢砸毁,反而保存了下来。

有尊高达82厘米的三层仰莲趺跏坐佛像,保存得极为完好。其开片细碎微翘,片缝细密。像身的釉色熔渗自然,法像庄严慈善,色光润腻沉稳。佛像神态安详,令人有喜悦、尊敬之感,应该是唐代时寺庙或家宅佛堂中的供奉器物。

唐三彩坐佛像,佛像神情庄重

还有一件唐代三彩菩萨,高52厘米,底座有裂缝。通体施用贵重的蓝釉,开片极细碎,釉彩相互浸润。菩萨的面容宁静慈祥,身姿比例合度,釉色沉稳,溢出宝光,没有过多的修饰,粗、细于一体的风格突现唐塑的特种风情,或许是唐代时在家宅中供奉礼拜的物器。

唐三彩菩萨坐像,身上有无法清除的土渍

背剑、持尾尘、骑瑞兽的唐三彩道士塑像,高47厘米,是李唐王朝崇尚道教社会风尚的产物。像这类唐三彩塑像,唐代应该多见,以供人们在不同场所敬拜或摆放,但存留至今的已极为稀少罕见了。

唐三彩道士塑像

近年来，在陕西耀州窑遗址和西安青龙寺遗址考古发掘时，出土了唐三彩佛像和菩萨像残片，而且不止一两片。西安新建成才开放的陕西考古博物馆中，也有展出唐三彩窑址发掘出的供养人三彩模具、烧成器及瓷片。可见这是当时寺庙里普遍使用的器物，也是窑场常烧的产品。这类供养人唐三彩此前尚不为人所知，随着今后的考古发掘，我们相信还可能会陆续出现目前还没见过的其他唐三彩人像。

陕西考古博物馆展出的佛弟子坐像标本

这些仙佛菩萨类的崇拜偶像，应该是唐代寺庙道观或贵族、官宦、富豪私家佛堂里的供奉物。据文献资料可知，唐代长安的大中型庙观和权贵家庙就有近200处。唐代的私家佛堂则更多，曾出现过"家家阿弥陀，户户观世音"的现象。如武则天的母亲杨牡丹，几十年坚持在自家的佛堂中诵经打坐、参禅拜佛，自然在佛堂内供奉着佛菩萨的塑像以供礼敬。

这样的私家佛堂或供奉道观遍布长安、洛阳、太原、益州、扬州等城市。和石像、木像、铜佛像一样，唐三彩佛像的烧制和供奉，应是当时社会为满足佛教徒的需求而出现的历史现象。当然，也不排除信众有欲求而纳钱烧造佛道偶像，之后捐赠给寺观的可能性。如今西部地区信众给寺庙捐献佛像比比可见，也是沿袭唐代风俗的表现。

唐代有不少信徒出资建庙或开窟造佛，如山西著名的唐代佛光寺、敦煌写有供养人名姓的洞窟、洛阳龙门石窟等处，皆有出资人或供养人实名开窟造像以求积累善业功德的。

人们心中神圣的需要跪拜祈求的佛和菩萨，作为寺庙和私家佛堂神龛中的偶像是正常的，但若作为明器随亡人下葬则不太正常。敢把佛和菩萨当侍奉俑人下葬去侍奉亡者，恐与情理也不相合。在相信因果报应的唐代，即便是不信奉佛道者也不会这么做，而虔诚的教徒们更不会这么做。

出自巩义黄冶窑的茶神陆羽烹茶唐三彩像生动传神，同时出土的还有多件唐三彩茶器。刘立江的《河南巩义出土三彩器，它之所以珍贵，因复原了"茶圣"的相貌之谜》一文指出："在后来的文物评级中，专家们将陆羽煮茶唐三彩像，从三类文物升级为一级文物，因为它让我们知道了伟大'茶圣'陆羽的样貌。"

唐末无名氏撰写的《大唐传载》中有这样的记载："陆鸿渐嗜茶，撰《茶经》三卷，行于代。常见鬻茶邸烧瓦瓷为其形貌，置于灶釜上，左右为茶神。有交易则茶祭之,无则以釜汤沃之。"

瓷是瓷,土陶是陶,唐人所称的"瓦器""瓦瓷"是不是唐代对今天所指唐三彩的叫法,尚不确知,但这种不怕热水浇烫的瓦瓷像,极有可能就是唐三彩器,如河南出土的陆羽像。

孙机《中国茶文化与日本茶道》(《中国历史博物馆馆刊》,1996年第1期)一文中提到,在河北唐县出土的一件陆羽像,此像"装束姿容不类常人,但也并不是佛教或道教造像。根据它和多种茶具伴出的情况判断,应即上述茶神"。

还有一些可能是当时人们感兴趣的人物的塑像,还有如罗汉、驯兽人、杂技艺人等。著者在古玩店里还看到过其他的,可惜店主不让照相。

看来,唐代烧制的唐三彩塑像中,仅有一部分是作为明器的。我们不得而知的是,是否有更多样类的唐三彩人物塑像,因没有埋入地下,而在之后一千多年的岁月里消失了。只有地下那一小部分三彩器陆续出土被后人所见。幸而还有这极个别的佛和菩萨类、茶神类唐三彩人物塑像保存了下来,验证了唐代曾是有完整的人物塑像类三彩器物的。

2. 宗教专用法器类唐三彩

赵康民《临潼唐庆山寺舍利塔基精室清理记》中说:"据'上方舍利塔记'知,这座券室原是唐庆山寺上方舍利塔下安置释迦如来舍利的精室。"精室文物中,"上方舍利塔记碑竖于甬道口正中央,线雕石门安装于甬道和主室之间,两只三彩护法狮子俯卧石门两边,石雕舍利宝帐置于工字须弥座上,紧挨北壁正中位置。所有供奉器物皆放置有序。宝帐前等距离地东西一字儿摆着三个三彩供盘,中盘内置一个三彩南瓜,两边盘内各置四个玻璃供果,盘间放两个彩绘陶瓶"。

唐武后垂拱二年(686)的庆山寺佛舍利精室三平方米空间中,共出土了六件唐三彩器物,分别是两件狮子、三件供盘和一件南瓜。唐时陕西临潼有土地隆起,还出现了一个大水池,池中有"龙凤之形,禾麦之异",武则天得到地方官的贺表后赐建了庆山寺,成了当时的皇家寺院。上有所好,下必甚焉,可以想见唐代的寺庙中,必定还有不少唐三彩的宗教法器与供品。

留存至今的多是三彩烛台、三彩三足香炉、三彩细颈大肚净瓶、

陕西历史博物馆藏唐三彩狮子

三彩莲瓣纹盘等,这些应该都是唐代宗教活动中使用的器具,而并不是专为亡人陪葬的器皿。

唐代宗教活动专用法器不限这几种,还有很多浮雕造型的三彩杯盘,有大有小,有深有浅,盛汤装菜都不方便实用,应该也是用作佛前供物才会这样制作。

3. 为特定需求而烧制的唐三彩器物

唐代律令规定,每十天放沐浴假一天,让朝堂及三省六部的京都官员人等洗头洗身,以消除熏人的体味。而那时的卫生条件较差,特别是像长安这样的大都市,大多数人都没有能力购买柴火来烧热

绿釉高足杯

高足杯内蛤蜊光

水。当时也没有刷牙、洗头、洗澡的条件和清洁用品,头痒了就用篦子梳一下,故而街巷里还有专门以篦头为营生的流动小贩。人们长年不刷牙,大便后也只是用竹木片刮一下,无纸也无水冲洗,其口气、长头发油垢味、人下体的秽味、长久不洗澡也不洗衣服的汗臭味,都会影响人们交往和交流,故而在殿堂、客厅里多会焚香驱味。当时达官贵族所穿的衣物,也多用香熏驱除秽味的。

因此,唐代的香熏炉不光在皇宫大殿和宗庙道观里使用,一般有条件的人家也多会使用,故而有瓷、石、铜、铁、陶,包括多样类的唐三彩熏香炉留存至今。在宫殿、寺庙等场所,因为空间大,在场人员多,需要使用大的熏香炉,也会更加注重造型的美观,而一般家用熏香炉则会小巧精致些,造型多可爱宜人。在现存的老物件中,烧香炉和熏香炉之所以特别多,正是因为那时的人们不仅信神拜神的多,需要熏香避秽味的人也多。

唐三彩熏香炉有大有小,有高有低,有单彩的,也有多彩的,还有花瓣、禽兽等多种造型的。有的极为细致讲究,有的则比较简陋些,这可能是为迎合市场需要而烧制的。仅唐三彩熏香炉就有这么多的品种样类,极有可能是由各地的作坊根据当地的喜好和需求而生产的。若非唐三彩是大众使用的器具,是断不能出现这种现象的。

唐三彩长颈小口绿釉净瓶,应该是上香叩拜时用于洗手的器具。口小出水细,肚大装水多,器型秀美,捉手使用方便,既是陈设器,又满足了功能需要。这类有特定功能的唐三彩器具,应该是专门定做烧制的。还应该有其他器具,如唐三彩的山水盆景、唐三彩绣球、唐三彩花瓶等,都是为满足特定功能而出现的品种。

造型多样的唐三彩医用脉枕,和生活中使用的瓷枕大小不一样,仅十一二厘米。不过比木、陶、石质的硬枕更漂亮也更轻巧一些。

中医大夫给病人把脉所用的脉枕不仅有唐三彩的,还有绞胎、

唐三彩熏香炉

长期使用的熏香炉底部

绿釉大熏香炉

唐三彩鸟顶熏香炉

唐三彩绿釉净瓶

唐三彩黄釉净瓶

绞釉的，似乎更讲究、更贵重，然而若是作为明器就不会这么郑重而奢侈。唐代的瓷枕多处都有出土，尤其是宫殿及坊里宅屋中出土的唐三彩瓷枕，显然是活人使用的物品。

西安大唐西市遗址出土的目前在大唐西市博物馆中陈列展出的唐三彩埙、胡人俑，应该也是音乐用器或把玩器，而并非当明器使用的。

禚振西《耀州窑唐五代陶瓷概论》（《考古与文物》，1988年第5、6合期）一文中说："唐三彩和低温单彩器共出土上千片标本，其中完整和可复原器物约两百件。有盛唐、中唐、晚唐三个时期的作品。""从出土的器物和标本残片看，可分为人物、动物、日用器皿

唐三彩脉枕，底部已脱釉

陕西历史博物馆藏三彩埙

大唐西市遗址出土的胡人俑

和明器，建筑构件及建筑模型几种。人物只发现侍立俑，和素胎人物头像，还发现有佛造像，为数较少……出土的动物象生造型，以小件为主，大件的只留残部。"可能当时不止耀州窑一地烧有佛像，只可惜发掘时没有完整器出土。该文还指出，"日用器皿和明器，有碗、盒、灯、壶、枕、盆、罐、瓶、杯、唾盂等，小件最多，完整和可复原的有上百件。最多的是上小、下大、中间束腰的小葫芦瓶。在药王孙思邈的故乡出土这样多的小葫芦瓶，估计很可能是药具，可用来装药物……日用器具中出土最多的是三彩灯，可复原的有30多件。犀牛枕亦发现较多，由如意枕面、犀牛支掌体和长方形底座三部分构成"。值得注意的是，考古报告中明确指出出土物中有作为日用器皿的唐三彩，而非只有三彩明器。该文还指出"三彩建筑构件出土了一件基本完整的龙头饰物"。"西北建筑设计院的张锦秋同志看后，认为这件龙首是高级建筑上作为遮朽用的，到了后世演变成套兽。这种造形象型、装饰精美、釉色华丽的三彩建筑构件，在我国属首次发现，可说是唐三彩中的瑰宝。它的发现，为唐三彩的用途增加了一个新的类别，表明唐三彩不仅用作日用器皿和随葬明器及俑类方面，还用在大型的高级建筑物的挑檐装饰上。"

陕西考古研究院的禚振西研究员长期在耀州窑遗址做考古发掘和研究，她在多份考古报告及论文中，已明确把唐三彩分成了人物类、日用器皿类、随葬器皿类、建筑用器等类别。事实上，从大量唐三彩的出土物品中即可以认定，唐三彩绝非只有明器这一单一属性的，仅从耀州黄堡三彩窑中出土的药瓶、佛像、瓷枕、龙形瓷套等器物，便可证实这一判断。

陕西省考古研究所科研规划室《陕西省考古研究所三十年来研究工作的主要收获》（《考古与文物》，1988年第5、6合期）指出："1984年秋至1986年春，又连续进行了大规模的发掘，计清理出唐、宋、金等代制瓷作坊10组17座，唐三彩窑炉3座，三彩釉试釉小炉1座，唐宋时期烧造瓷器的窑炉12座……唐三彩作坊、唐三彩窑属首次发现，从而使我们对三彩窑的形制、结构、工艺流程和生产原理获得了较清晰的认识。遗址中出土的三彩品种比较齐全，有各种人物、动物、日用器皿、随葬明器、建筑构件、房屋模型等。釉色有单彩、双彩、三彩、绞胎，其时代从盛唐沿至中晚唐。"这些耀州窑出土的唐代三彩器物，证实了随葬明器只是当时三彩器物中的一种，而不是全部。这些出土三彩器如今仍在陕西历史博物馆或陕西考古研究院中完好保存，是我们认识、解读唐三彩最可靠、最有说服力的证据。

日本博物馆藏唐三彩

美国大都会博物馆藏唐三彩

4. 日常生活实用类唐三彩

唐三彩烧制的日常生活实用器，几乎囊括了唐人生活的方方面面，可以说当时有什么样的瓷器、陶器，就有相同或相近器型的唐三彩器，如盆、罐、盘、碗、钵、壶、注子、杯子、盒子，等等。

西安大唐西市遗址出土并在大唐西市博物馆中展出的三彩杯形小罐及三彩注子、小碗等器皿上，可以观察到曾经长期使用过的痕迹，而且这些都是单件出土，应该是商人日常使用的器物。

类似的单色彩釉或多色彩釉的摩羯鱼型壶，结实而美观，开片极碎密自然，出水顺利，唐时多当酒器使用。从其内外使用痕迹观察，即便是从墓中出土，也应是亡者生前使用器当随葬品，而非新器入土的。

质地结实且瓷化程度很高，敲起来会发出像瓷器一样清亮脆鸣声响的三彩碗，完全可以当做碗具使用。类似的三彩粉盒和绞釉粉盒，是贵族妇女必备的日常用器。目前已经出土了大大小小数量颇多的唐三彩小盒子，其中一些明显可辨使用痕迹。

洛阳出土的一些色彩艳丽的盘子，不仅能在宴会上使用，还可当作家用摆设或盛放水果，色彩与造型均令人喜爱。当作生活实用器比当明器陪葬更合乎人情世理。

由于多地出土发现的唐三彩日常实用器皿越来越多，一些研究人员也开始改变了说法。如姚江波《中国古代陶器鉴定》（湖南美术出版社，2009年）一书中说："唐三彩分明器和实用器两种。""唐三彩应为上流社会的时尚，主要是有身份、有地位人的随葬品。""扬州和洛阳在安史之乱以后，出现这种三彩实用器，显然是唐三彩的地位和功能已经大不如盛唐时期。"

焦小平《唐三彩》（吉林文史出版社，2010年）一书指出："唐高宗到武则天执政之前，唐三彩进入初创时期，这一时期的唐三彩是一般的

大唐西市遗址出土的唐三彩小罐

大唐西市遗址出土的唐三彩双耳罐

唐绿釉摩羯鱼壶

鱼壶上清洗不掉的土渍

陕西历史博物馆藏三彩碗

陕西历史博物馆藏三彩盘

唐绞釉粉盒

唐蓝釉点彩粉盒

润艳的三彩四足盘

三彩四足盘内的蛤蜊光

单色釉，品种也较少。武则天称帝以后，唐朝的农业、手工业开始迅速发展，一直到唐玄宗时达到鼎盛时期……这个时期的唐三彩种类繁多，囊括了生活的各个方面，色釉清新夺目，层次多变。唐三彩已不只是作为明器，也生产一些生活用品，在建筑上也常用唐三彩来装饰。"

研究者和收藏者中的个别人开始改变看法和说法，是因为作为日常用器的唐三彩不断出土，且越来越多。人们的看法在事实面前，必然会发生变化。但无论是文史界还是收藏界，特别是在电视和网络上，还是有人不承认唐三彩不仅是明器，还是和当时的陶器、瓷器一样是社会的普用器，也没有承认"凡唐三彩都是陪葬器"的说法是一种误认误判，甚至在一些博物馆的说明牌上，还依然写的是"用作明器"，这种偏颇的观点影响就很广、很大了。

5. 礼仪和娱乐类唐三彩

我们若以今天的知识、眼光去看，自然会把大大小小的唐三彩大雁归类为动物俑。实际上在唐代结婚习俗中，新郎到女家迎亲，必用大雁作见面礼，称之为"奠雁"。

牛志平《唐代婚丧》（三秦出版社，2011年）一书中指出："奠雁在堂上举行。《开元礼》说，婿'北面跪奠雁'。敦煌伯2642号写本书仪叙述较详：'升堂奠雁，令女坐马鞍上，以坐障隔之。女婿取雁，隔障掷入堂中。女家人承将其雁，以红罗裹五色绵缚口，勿令作声。奠雁以后儿家将赎取放生。如无雁，结彩代之亦得。'"

唐代以前就有此习俗，因民间俗信自然界的大雁雌雄从不离对，是从一而终的象征，故有婚配时执雁以示笃信的习俗。

实际上有文献资料提到唐时捉活雁不易，已用木雁代替，或用鹅代雁，彩绸扎的雁也行。

因此，唐三彩雁形器有可能是代雁的礼仪用器，表示遵古礼的奠雁求偶仪礼告成，摆放在洞房里也喜庆美观。或者也可能是表示夫妻相互为伴、从一而终的贺仪用陈设器。当时应该还有木质、纸质、丝绸等多种材质的雁形器，唐三彩雁形器只是其中的一种。

抱鹅童子同样也可能是作为人生礼仪习俗中的物品，或为结婚时的贺品、贺礼，或为小儿过满月时的礼品，或为婚后求子的物品，

多样式的三彩大雁

绿釉抱鹅童子，脸部开片

甚至可以是为长者过寿时的恭贺品。著者曾见过几件同样造型但色彩有异的，应是不同窑口或不同匠人的作品。

无论该类唐三彩是展示王羲之鹅池观鹅，还是以童子象征喜庆、多子、生生不息，均有喜乐、吉祥、美满的含义，是生者的用器而非亡人陪葬明器显然更合情理。或许是书房之内的陈设器，是文人喜好的雅趣物件，也和亡人陪葬品相距甚远，更应该是日常生活用器。

唐三彩童子捧桃应是唐代专门为祝寿烧制的贺礼器，因为亡人在阴间是不会过寿的。它的色彩和造型充满了喜悦、欢乐的气息，没有一点类似镇墓兽、文武官俑或侍女俑的肃穆之意，其礼仪用品或陈设品的特性很是明显。

唐三彩童子捧桃，童子后背脱釉

李辉柄、李知宴《河南鲁山段店窑》(《文物》，1980年第5期) 一文指出："三彩陶器主要有瓶、灯、枕、小马等。……常见的一种器形是灯，还有枕，以酱黄色为主色，有的作成木纹状搅釉。三彩枕中有兽头形枕。""唐人南卓在《羯鼓录》中谈到河南鲁山生产一种瓷质腰鼓，是鲁山用花瓷制作的，这种腰鼓是一种什么乐器……这次调查，在鲁山段店窑发现了确凿的证据，采集了五个残片，能够看出器形来，与完整的腰鼓器对照完全相符。这样，多年来的鲁山花瓷的真相算是弄清楚了。"这种两头大、中凹腰、两端蒙皮以拍击出声的花彩瓷鼓，被认定是唐人喜爱的羯鼓，明显是唐时为乐人烧制的音乐器具。有的唐三彩窑址也出土有类似的腰鼓。唐三彩因为施釉，明显和不施釉的土陶器是有区别的。唐时的人如何称呼这类和青瓷、白瓷、黑瓷不同，也和不上釉的陶瓦器不同的器物，需要继续考证，但娱乐器中有三彩器是无可怀疑的。

6. 家具及陈设类唐三彩器

唐代的家具类型也较前代发生了变化。因为唐代的人们开始从席地而坐向垂足而坐过渡，这一转变促使家具形制发生变化，如桌子、柜、台、案等新型的高足家具出现。过去是低矮的案几，屁股贴地而坐，东西多了也没地方摆，甚至有可能一不小心就碰碎了。而唐人坐在高脚椅凳上，相应的也开始使用大桌高案。桌案上不能空无一物，必然会要求使用新的陈设器、装饰品，以显示主人的身份、地位和爱好。

因此，多样的唐三彩陈设器、礼仪器、配套器具等，能在此时出现不是偶然的，而是唐代居室空间、家具形制、社会礼仪发展的结果，也是烧造技术进步、经济富裕繁盛以及唐人热爱追新等多方面因素共同作用的结果。

张泽咸《唐代工商业》(中国社会科学出版社,1995年)一书指出:"陶器和瓷器生产在唐五代有着重大的发展,陶瓷器制作有很多创造和显著进步,瓷器在社会上已得到广泛应用,这是以往朝代所没有的。"在论及唐三彩时说:"器物包括建筑、家具和生活用器。于是,诸如文官、武士、贵妇、男僮、女侍、牵马和驼之胡人、乐舞、杂技,镇墓兽、马、驼、牛、羊、犬、狮、虎、鸡、鸭、碗、壶、瓶、罐、盘、杯、钵、砚台、唾壶、枕、香炉、住房、楼阁、仓库、厕所、车、柜等,可说是包括了社会生活的各个方面。品种广,数量多,它们的造型优美,栩栩如生。雕塑艺术绚丽多彩,技巧高超。"该书还指出"唐代以瓦盖屋颇为盛行。司农少卿韦机在高宗时主张'市材造瓦,不劳百姓',以建洛阳宫(见《唐会要》卷三十)。瓦有灰瓦、黑瓦、琉璃瓦乃至木瓦、铜瓦等。灰瓦粗松,用于一般建筑;黑瓦光滑,质地较高,用于寺庙及宫殿;大明宫出土琉璃瓦多为绿色与蓝色"。

陕西历史博物馆藏三彩柜

陕西历史博物馆藏三彩家具

在宫殿中作为陈设器出现的唐三彩，很可能就是那些大体量的唐三彩朱雀、三彩双龙抱瓶、三彩龙柱型大烛台、波斯风格三彩大花瓶、三彩麒麟等。这些精美的多样的三彩艺术品，自然会受到皇家贵族和文人雅士喜爱，而有条件的市井百姓也会购买普通的三彩器皿，如上文提及的三彩香炉、三彩熏炉、三彩烛灯台、三彩瓷枕等，大概是最为普遍的日常用品了。颇有波斯艺术风格的唐三彩花瓶，喇叭形翻唇口，弦纹长颈，圆球形凸肚，联珠纹饰，应该是当时人们追求西域风情的新产品。已发现的唐三彩瓶就有凤首瓶、双龙柄瓶、长颈瓶、单耳龙瓶、花口瓶、蒜口瓶、葫芦瓶、鱼瓶、净瓶、盘口瓶等十多种，其中不乏中外文化互动交流的产物。

波斯风格唐三彩花瓶　　底足露胎处有洗不掉的土渍

唐长安城中的贵族权臣多在家宅后院里设计假山水榭。史念海主编《西安历史地图集》（西安地图出版社，1996年）中，就标明坊间有郭子仪、安禄山、裴度、王琪等人的私宅园池。长安的寺庙中，也多有山水壁画。一些官衙、驿站的墙壁和屏风上，也画有山水风景。而那些没有条件建池塘山水的人家，做个小盆景，或摆放个唐三彩的小山水模型，也在情理之中。需要注意的是，这种池山盆景的唐三彩，只在长安地区出现，而在包括洛阳在内的其他地方未见出土，可见这是大唐国都长安特有的一种园林风尚。

唐三彩马、三彩骆驼受到唐人喜爱，唐墓中多见摆放。主人生前喜爱的骏马、骆驼、驴、狗、狮、虎等雕塑应该是家中常年摆放的观赏品，那么因喜爱而将之随葬于墓中，也是有可能的。随葬品和陪葬品是有区别的，陪葬品多是明器，随葬品多是曾使用过的，并非都是明器。

祝寿、结婚或孩子满月庆贺时亲友送的花瓶，如寿桃瓶、大雁、抱鹅童子等，多不会在庆贺后就砸毁，而会摆放在家室中当摆设品观赏。

邢窑所出的双龙抱瓶，器型硕大，饱满昂扬，是摆放在案几上的器物。双龙抱瓶有单彩的，白釉的，三彩的、五彩的或六彩的，同样的形制，多样的色彩，应是不同匠人不同作坊的产品。有避邪情结的唐人，自然会将其当作守宅保平安的风水陈设器物，这和现在的人在家中摆放貔貅、钟馗画像、发财树是一样的。

以上所举的各种唐三彩，极为精美生动，如今看上去依然令人眼前一亮。这些三彩器的独有特色，显示出唐时匠人不同寻常的艺术能力。

不难看出，为亡人陪葬的明器，只是当时唐三彩中的一部分。

唐三彩山水盆景

假山上的开片及返铅

白釉双龙抱瓶

瓶身开片及胎土杂点

从类型和数量上说,也只是多样多类难以计数的唐三彩中的极小的一部分。因而,我们不能把唐三彩全部定性为明器。唐代时三彩器的品类之多,数量之大,使用之广,受当时人们喜爱的程度,已经远远超过今人的想象了。

7. 儿童玩具类唐三彩

有些唐三彩的小马、小骆驼、小狗、小兔子、小猴、小香炉、小绣球等,尺寸多是三厘米到五厘米,在手掌中颇像是玩具。这一类器物的数量还很大,这么小又这么多的小动物、小器具类唐三彩出现,很显然是一种应当时社会需求而生产的适用性产品。

大唐西市遗址出土并在西市博物馆中陈列的三彩小猴子、小兔子、小骆驼等,如鸡蛋般大小,一般为单件出土。表面依稀能看见使用痕迹,应为当时市场里孩子们玩的东西。

可放在手中的全釉的小绣球、小鸳鸯杯、小马、小香炉、大猴背小猴等器具,也明显具有儿童玩具或把玩器的特征。

还有一些极小的唐三彩瓶、三彩碗、三彩盘、三彩碟等日常用器,只有大拇指肚一般大小,说是儿童玩具更合情理。若说是作为陪葬用的明器,应该不会做这么小,摆在墓中显然不合适。洛阳白居易故居发掘出土的唐三彩器中有铃铛和口哨等,小巧玲珑,也很可能是玩具。

因此,仿照生活器皿而制的极小的器物和各种栩栩如生的小动物俑,应该就是当时儿童游戏玩耍或进行幼儿教育时普遍使用的玩具。

唐三彩绣球

唐三彩小玩具

唐三彩大猴背小猴

唐三彩小马

8. 创作雕塑类唐三彩

我们今天还能看到那么多艺术性极高的唐三彩雕塑，如唐三彩马、三彩骆驼、三彩狮子、三彩瓶、三彩罐及各具情态的三彩人物俑等，反映了有唐一代的陶瓷匠人具有极其高超的艺术创造能力，有些似乎是游戏式的信手捏制，却天趣自在，令人啧啧不已。

仅13厘米高的斗兽雕塑，动感极强，造型生动张扬。没有模具成型的黏合痕迹，应是手捏的雕塑品。动物的尺寸比例稍有夸张，展示了匠人信手附形的才智和能力。另外，还有陕西历史博物馆藏的三彩胡人俑，惟妙惟肖、生动传神，令人过目不忘。

唐三彩斗兽雕塑

陕西历史博物馆藏三彩胡人俑

这样的雕塑极有可能是当时供人欣赏用的小陈设器、装饰品或小摆件,也可能是给孩子玩的玩意儿或送人的礼品,或者是工匠们兴趣所至的即兴创作。若说将噬咬吞食的斗兽当作陪葬品,但斗兽并不具有镇墓兽的功能,亡人又不大可能养过此类动物,因此这种东西作为明器的可能性也是极小的。

童子蹲地行方便的唐三彩风趣可爱。童子高21.5厘米,微微侧身,手伸向屁股,似乎是方便完了正要起身的姿态。此像釉色深沉,开片自然,釉下没有气泡,有唐代工艺特点。童子头部有模具接缝黏合的痕迹,而模具生产的一般都不会只有一两件,会有多件投放市场售卖。谁会需要这样的唐三彩摆设品呢,活人有某种兴趣的人可能喜好这

唐三彩童子

童子头部有合模痕

个，但没有谁会给亲属亡者搞这种恶作剧吧，如果说是为亡人的陪葬品，是无法令人信服的。

还有一些异形的菱花盘子，似乎是匠人炫耀自己手艺高超的创作品，令人喜爱赞叹。若把这些都归为明器，显得太武断了。像小巧的鸟形水注，是匠人自己的得意的创作，极简洁、极生动，若不是匠人的兴趣和个性随意发挥，很难得出现这种俏皮活泼的器物。

唐三彩中的各类异形器，大概多为唐匠们的即兴创作。这也说明唐代时三彩器和陶器、瓷器一样，是可以用作各种用途的，并没有专作明器的规定。市场上有需求，就有匠人生产此类产品，多样化的产品出现是自然的。

唐三彩梅瓶

人物俑底内胎匠人手印

9. 建筑装饰类唐三彩

从考古发掘和诸多历史文献资料中我们得知，唐代的房屋建筑、园林建筑、宫殿庙宇等，多数都呈现宏大繁丽的盛世气概。著者曾专门去山西佛光寺看唐代建筑，那飞檐翘耸冲天的佛殿，和体量超常的大殿屋顶与大斗拱，大气堂奥的盛世气象超乎想象，置身其中令人有恍若隔世感，为其惊叹不已。

唐三彩构件和三彩琉璃制品在唐代建筑上也有使用，如在宫殿、园区、庙宇、道观等内。可惜历经动乱毁坏，能保留至今的实物极为稀少。在西安大明宫遗址和临潼华清宫遗址都有出土瓦片残件，其中有的瓦片上有黄色、绿色的彩釉。有些建筑的檐角、檐头或其他醒目位置上，有三彩的兽首、兽面等装饰性器物。禚振西在《耀州窑唐五代陶瓷概论》中说："三彩建筑构件出土了一件基本完整的龙头饰物。"建筑大师张锦秋认为这件龙首是在高级建筑上做遮朽用的，应该曾在唐皇家宫殿或游乐苑区如华清宫中使用过。

人民政协报2014年3月26日报道，江苏省南京市博物馆考古队在南京城南老门西发现一处古建筑遗址，出土有唐代的三彩残片。

西安博物院展出的大明宫遗址出土的唐三彩象首钩形器有挂钩，可能是用来挂帷帐或衣物的。若唐三彩是专用于陪葬的明器，又怎么会在皇帝理政居住的宫殿中出现呢？

在迷信鬼神、讲究祥瑞、重视风水，盛行算卦占卜，处处遵照阴阳五行，连衣着用器的色彩都讲究象征意义的一千三百年前的唐代，怎会出现这种无禁忌、无敬畏，把专用于死人的器物供给活人，甚至还是给皇帝使用的现象呢？只可能有一种解释，唐代时唐三彩不是专门用于亡人的明器。在当时唐三彩器和陶器、瓷器一样，既有大量的社会普用产品，也有一部分作为明器生产。

宫殿用唐三彩兽首

大明宫出土的三彩挂钩

因为不是专门用作明器的,当时的人们对此才没有忌讳,所以才有多种唐三彩建筑构件和装饰用件敢用在阳世住宅上,用在代表天子、关乎天下安危的皇宫殿宇之内。

10. 两性情趣类唐三彩

著者曾在几处古玩摊上看到过男女情趣类的唐三彩小雕塑,其器型、神态、开片、色釉、胎质等都是真品的特征。可是未经摊主允许,无法拍下照片。

据一位多年研究唐三彩的玩家韩先生说,在20世纪80年代,他曾几次见过有人私下出售唐三彩祖形器的,是唐代的真品,而且做得极像男人性器官的形状。还有人拿过男女嬲戏的唐三彩塑像，不是一种，而是好几种姿势，当时因为怕买后会引起麻烦而放弃了。

看来这类的唐三彩品种不仅有，而且是多种多样的。之所以能流传至今，可见在唐代并非孤品或稀有之物。但不言自明的原因，是在改革开放前的社会环境下，人们都怕惹事而将其舍弃了。还有一些人按那个年代的观念，认为这些都是不吉、黄色的，而砸碎偷偷扔掉了。但或许在一些玩家手中还幸存有这类唐三彩器，随着社会观念的正常化和理性化，这类极稀有的唐三彩，可能还会有新的样器出现。

唐人性开放是人们公认的，白居易弟弟白行简的长歌《天地阴阳交欢大乐赋》，已把男女之间性的六个生理阶段描写到了与当今科普教程一般的地步。由此我们可以想象，唐时这类的唐三彩器物绝不止一件两件。这或许是作为陪嫁品如后世春宫图那样供人欣赏的，或为新婚夫妇做启蒙教具的，或为长安北里妓院里的小摆设，或因为相信这类特殊器物具有特殊效能而秘置于婚用新房内，以求婚嫁交合安心的。

有一件唐三彩秘戏雕塑高约14厘米，男女身体的性特征和性动作都很明显。人身体施酱黄釉，底座施绿釉。女性头微扬，眼微眯，似乎沉情于陶醉的状态，男性在观察对方，且小有得意。神态惟妙生动，可能是唐长安地区某个作坊的产品。器物出现釉面自然开裂并有局部脱落的现象，胎体微红糠软。

唐代时这类器物的出现，必有它的功能用途，只是目前无法确定。以唐人的性开放和生活丰富性来说，这类物器的出现是情理中事。

三　唐三彩的种类　071

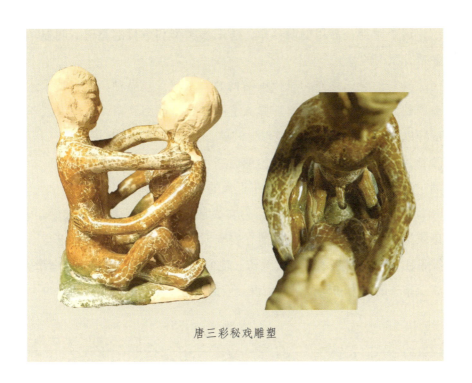

唐三彩秘戏雕塑

11. 丧葬用唐三彩

根据考古资料，尽管隋代和唐初已有了单色或几色的釉陶器，但陪葬品仍多是陶器、瓷器、木铁器之类。到了唐高宗、武则天时，三彩釉陶的陪葬器多了起来，而且此风愈来愈盛，一直延续到安史之乱前。选择唐三彩作为陪葬明器的风习，大约流行了九十多年之久。而在唐朝后期，墓葬出土唐三彩明器较少，更多的是各种唐三彩实用器。

唐代丧葬使用的三彩器具名类繁多，最常见的是三彩镇墓兽、三彩天王俑、三彩十二生肖俑、三彩力士俑、三彩文官俑、三彩将军俑、三彩马俑、三彩骆驼俑，以及三彩盘、碗、碟、烛台、油灯、烛插和三彩狗、鸡、猪、牛等。

这个时期丧葬用的明器中，唐三彩类型和数量的急速、明显增多是有原因的。

其一，唐三彩作为唐代釉陶器的新工艺、新品种，烧制技术逐步成熟。釉陶器不像陶器那样涂上的颜色可能会脱落，也不像瓷器那样以青色或白色为主，色彩比较单一。一件器物上可以出现三彩、四彩，甚至五彩，各色交融，艳丽夺目。这在当时应该是时髦、新潮、受人追捧的新器物，引起了世人的喜爱和重视。

其二，厚葬之风并没有因为文人或朝官的批评抵制而被禁止。皇家贵族或高官富商们很可能在丧葬时以色彩艳丽的唐三彩进行炫耀攀比，从而引起了其他人效仿。他们以此表现自己对亡者的孝敬，展示家族的实力和地位，并赢得人们的羡慕、赞扬和社会声誉。

陕西唐三彩艺术博物馆藏三彩俑

其三，唐三彩虽说也是陶质，但上了彩釉，明显比不上釉的瓦陶器更耐久，更不易腐蚀粉化，适合在较潮湿的地下使用。在视死如生的观念下，这些埋在地下的器物，是要给亡人转世使用的，故而釉陶唐三彩比不上釉的瓦陶器更显得质地优异，既气派又耐用，因而便受人追捧了。

其四，唐代的皇家贵族丧葬品中是有金银器的，但皇贵之外的人受礼制所限或经济有限，多无能力使用金银器。那么唐三彩较金银器则明显价廉器美，也显出丧葬的隆重和对亡者的孝敬，故而用唐三彩陪葬便逐渐成为风气。

当然，在瓷、陶、木、纸扎、铁制等材质的陪葬品中，唐三彩的颜色艳丽，无论是天王力士还是镇墓兽或各种人俑、动物俑，即使我们今天看见，仍具有令人无法抵御的魅力。镇墓兽的神秘、狞厉，天王力士的豪气万丈，马俑的龙态精神，人物俑的眉眼含情……唐俑和秦汉陶俑、魏晋南北朝陶俑相比，多了写实的准确性和生动性，与人们的审美想象更为契合；而与宋俑及元明清的陶俑相比，又明显多了雄健、浪漫、豪放，及恰到好处的艺术张力。

当今世界上最有名的博物馆，如美国大都会博物馆、美国国立亚洲艺术博物馆、卢浮宫博物馆、大英博物馆、东京国立博物馆、俄罗斯阿尔谢涅夫博物馆、北京故宫博物院、陕西历史博物馆等，之所以都陈列有唐三彩骏马、唐三彩骆驼或唐三彩人物俑，就是因为这是世人公认的雕塑艺术品，具有艺术感染力和古代东方人的审美智性与审美特质。

因而，尽管唐三彩在古代中国常用于丧葬，但国内外很多著名的博物馆仍都将其放在重要位置展出，人们把镇墓兽当作唐代人创作的具有神秘力量的雕塑艺术品去珍爱、去欣赏。1991年，佳士得拍卖行的一对唐三彩镇墓兽拍出了38万美元的高价，而同场的一匹

大唐的颜色：唐三彩面面观

精美的三彩马仅卖出了19万美元的价格。

  一千三百年后，世界各地的人们还这样喜爱唐三彩，珍视唐三彩，那么，在一千多年之前，当时亲手创造了它们的唐代匠人们，应该也颇为重视自己的作品，下了很大的功夫去制作这类器物。

陕西历史博物馆藏镇墓兽　　　　日本博物馆藏镇墓兽

四 唐三彩的出土地

四　唐三彩的出土地

民国初年，唐三彩首先从洛阳唐代墓葬中出土，此后大量的唐三彩器也多是从西安、洛阳、扬州等地的唐代墓葬中出土。

在唐代或在唐三彩最盛行的唐高宗至唐玄宗时期，若唐三彩只是明器的话，那它只能出现在墓葬中。正如现今中国人没有人会把亡人花圈摆放宅中，把祭奠时使用的面果、纸扎金童玉女、纸扎随葬品长久摆放家中一样，这些祭奠品在丧葬时，多被烧掉或瘗埋在墓坑之中。

唐时有身份的人的墓中，有专门摆放如唐三彩、瓷器、酒肉瓜果之类祭品的耳室。帝王陵寝玄宫还有尚食局置放的"千味食"，里边有"瓜果及牛驴獐鹿等肉并诸药酒三十余种。又造各种杂物，动逾千计"。当时陪葬品的样类之多，是超乎今天人们想象的。在上节所述唐三彩的十一个类别中，有专门作为明器的唐三彩，所以在墓中出土唐三彩是必然的。唐代的墓葬距地表较深，一般在地下六米到十几米。虽然经历了多代盗墓贼的挖掘，却依然有相当数量的唐墓中出土了唐三彩。如1981年在洛阳龙门啤酒厂建筑工地发现的唐墓，竟出土了上百件唐三彩俑。因为与其他唐代地面遗址相比，墓葬一经封土便不会再受人为扰动，因而只要不被人专门挖掘，地下的埋葬物品是相对安全的。但除墓葬外的其他领域，例如唐长安城的坊里居住区，寺庙、观台、庵舍，买卖物品的东市、西市贸易区，帝王贵族的宫苑别馆等，地面之物多经战乱被人为焚毁了。

唐都长安城在安史之乱和黄巢攻占时期，皇宫和衙署的公库、私库，以及富豪们家宅的财宝，多次遭到暴民、乱兵、异族人和后期吐蕃入侵者的抢掠，以至于有学者认为何家村那批金银器很可能是抢劫者从内库窃取后未及带走而埋藏的。到唐灭亡时，连长安城的皇家宫殿、大型庙观，都被拆下木料随渭河入黄河而运到河南另作别用了。

可以想见，唐代之后，一千多年连续不断的战争、地震、水火、地面塌陷，在一轮又一轮社会灾难的折腾下，地面之上除了个别砖塔和陵墓前的石人石马外，唐代的遗物已经几乎荡然无存，因而当时所用器具的毁坏和消失也是可想而知的。

过去人们认为，唐三彩和陶器、瓷器一样，只在唐墓中集中出现，少见传世真品。然而近几十年来的考古发掘和国内外文物信息的交流，使人们的认知开始发生了变化。因为唐三彩的发现不只在墓葬之中，而是在更广大的地域内，在唐文化地层中，在墓葬之外的多地多处，都发现了唐三彩器物或烧制唐三彩的作坊窑址。

这些在唐代墓葬之外出土的唐三彩器物，表明唐三彩在唐代时曾是广为流行的社会普用产品，特别是在几个重要的人口众多的大都市十分常见，如唐长安、洛阳、益州、扬州、明州等地。这些分散各地的非墓葬出土的唐三彩，也证明唐代时三彩器和当时的瓷器、陶器、木器、铁器等一样，是普遍制作、运输、售卖、流通的商品，绝对不是只用于亡人的陪葬品。

现就唐三彩的出土地点进行统计，主要集中在唐代长安、洛阳及周边地区。

1. 唐代皇家祭坛及宫殿苑园区

唐长安城南郊的圜丘是皇帝每年冬至祭天的圣地。唐太宗、唐高宗、武则天、唐玄宗等十多位皇帝，都曾经在冬至时来这里举行祭天大典。圜丘祭天是比祭先祖、礼佛祖、拜道祖都要隆重、盛大的皇室活动，按日本游学僧人圆仁的记载，长安祭天大典有二十万人参加。

这里常年有兵将把守和封禁，是外人不得进入的皇家圣地。考古发掘出土的唐三彩器残片，应该是祭物器具的遗留，或是守卫者使用的遗物，又或者是宫室建筑的装饰件。在此地用明器是不敬天地的大逆之罪，故在此出土的三彩器必非明器。

在唐代皇帝理政和居住的大明宫，也出土过唐三彩残片，还出土过三彩釉的建筑装饰件，如大明宫三清殿遗址就出土有三彩瓦及红陶佛像等。

在西安博物院展出的大明宫出土的唐三彩象首挂钩，显然是墙壁或壁柜之类物体上的装置，是为挂衣物或挂帷帐绳环的实用器，绝不会是陪葬死人的明器。

唐玄宗曾三十多次在临潼的华清宫沐浴过冬，这也是他与杨贵妃观赏乐舞的地方，后来的考古发掘中曾出现过唐三彩器的残件。陕西省文物事业管理局和骆希哲编著《唐华清宫》（文物出版社，1998年）发掘报告中说："唐华清宫遗址发掘出土和采集的各类遗物共计2446件，按用途可分为建筑材料、日常生活用具、乐器和货币四大类。建筑材料类包括：条砖、方砖、板瓦、筒瓦、瓦当、兽面砖、陶兽套、三彩套兽、鸱尾……日常生活用具类有：陶瓮、陶鉴、陶盆、陶罐、陶盘、陶碗、陶灯、瓷碗、瓷执壶、瓷灯、瓷瓶、瓷罐、石盒。""遗址内出土的瓷灯、瓷罐和执壶等，与唐代黄堡窑烧制的同类器物相似。""四类遗物的质地可分为铜、铁、石、木、陶、瓷、骨和三彩八种。"

在唐代号称东都的洛阳宫城遗址区，也曾出土过唐三彩碗和三

唐代圜丘比北京天坛高近一倍

西安博物院藏唐代圜丘
遗址出土的三彩残片

唐代圜丘遗址出土的三彩片

彩瓶，显然也是生活实用器。

可见唐代皇家不仅用唐三彩器做建筑装饰和实用器具，同样也使用三彩瓷枕、三彩碗、三彩瓶之类的生活器皿。

在唐代宫殿遗址区较少出土唐三彩并不奇怪，因为曾在此大量使用的瓷器、木器、铜器、铁器、骨器等也是同样情况。此外，唐代宫殿区曾更大量使用过的金银器、丝绸、竹编、漆器等至今一点也没留下，考古发掘时均不见踪影。唐三彩器物能在这里出现，说明唐人没有把三彩器具当作明器，当时皇宫里三彩器的使用也不少见。唐三彩器在这些最神圣、最高贵、最讲究的地方都有使用，这无疑是证实三彩器非专为明器的证据。

2. 唐代佛家寺庙区

前边已引述过，武则天时修造的陕西临潼庆山寺地宫，出土过唐三彩盘子、唐三彩对狮和唐三彩南瓜共7件。

魏燕《青龙寺》（陕西人民出版社，2002年）一书指出："在青龙寺遗址出土了大量的建筑材料砖瓦及部分鸱尾、垂兽残块和陶瓷器残件，还出土了佛像、经幢等石刻残片。"其中有"金属小佛像，三彩佛像及陶塔；金属小佛像有铜鎏金、铜和银质小型造像三种。三彩佛像仅发现数枚残片。陶塔均为泥质红陶，仅一件完整，残高七厘米"。

著者曾见过回流到古玩市场上的唐绿釉高足杯。另据一些古玩地摊售货者告之，在临潼、三原、富平、阎良、耀县等地，都收到过或见过唐代三彩佛像、三彩菩萨像、带多层莲花的三彩供盘、三足的三彩香炉等。估计这些都是在当地唐代寺庙遗址出土的，多数是残缺不全的，有的已碎得不可复原，完整器极为罕见。

李知宴《唐三彩生活用具》(《文物》，1986年第6期) 一文指出："在殿堂、寺庙或其他宗教活动的地方所能见到的三彩器物，都是生活用品。"

西北大学文化遗产与考古学研究中心《唐长安城崇化坊遗址发掘简报》(《文物》，2006年第9期) 指出："此次考古发现的唐代三彩盒、碗等，显然是日用生活器皿。无独有偶，在西北大学校园隋实际寺（唐温国寺）遗址亦曾发现了一些三彩器物，其中一件完整的三彩盆现藏于西北大学历史博物馆。"

西安南郊唐代寺庙木塔寺遗址区考古发掘时，出土过唐代三彩器的残片，证明这里曾使用过唐三彩。

在陕西唐三彩艺术博物馆中，著者曾见到唐代寺庙遗址区出土的一件唐三彩饰花香炉，釉色是极珍贵的蓝彩，香炉上是没有开片的，这在三彩器物中极为罕见。唐三彩香炉有点彩的、堆塑的、贴花的、弦纹的、印花的、圈足的、托盘的等等，可见唐代时香炉是人们普遍使用的器具。香炉的胎质和工艺也多不相同，说明是由不同作坊烧制的不同品种。这些器具多在寺庙遗址区发现，应该是宗教用器，而不会是随葬的明器。

3. 唐代长安的市场贸易区

唐代长安城的东、西两市，是集中的商品贸易区。胡戟主编《西市宝典》(陕西师范大学出版社，2009年) 提到，中国社会科学院考古研究所陕西第一工作队在《大唐西市2006年考古发掘报告》中指出："西市遗址在试掘与发掘过程中，还出土了一些遗物，这些遗物大致可分为建筑构件、日用品、装饰品、加工工具、钱币等五大类。其中以日用品为主。"我们在此报告后附的图版中看到，出土

蓝釉三彩香炉

三彩香炉上不见开片

的日用品中有黄釉、绿釉瓷器、唐三彩罐子、三彩带柄注子、三彩胡人头、三彩人像、三彩圈足绿釉陶罐等。

在大唐西市博物馆中，还展出了西市遗址出土的唐三彩玩具小猴、三彩小狗、三彩小狮子、三彩小家具，以及绞胎釉器的残片等。在大唐西市并没有发掘出作为丧葬品出售的镇墓兽、天王俑、力士俑等唐三彩，多件的和单件的都没有。这说明以上这些单件的、各不相同的唐三彩注子、罐子、人像、玩具等，应该是日用品或装饰品。

1977年，在西安东郊太乙路的唐长安城东市遗址区，也出土了唐三彩碗。从出土的唐代遗留物来看，唐三彩日常生活用器的数量并不少于瓷器或陶器。

4. 城市坊里居民生活区

在西安、洛阳、扬州的唐代居民生活遗址区都曾有出土唐三彩实物的报道。

在西安唐代居民生活遗址区的通义坊内，考古发掘时出土了唐三彩器的残片。唐长安城崇化坊遗址考古发掘时也出土有唐三彩碗和唐三彩器的残片。

据网文《洛阳闹市中的桃源：一千二百年前唐代大诗人白居易的豪宅》指出："在白居易住宅遗址中，出土了大量唐代文物，有陶器、瓷器、铜器、铁器、骨器等，还有100多件三彩器。唐三彩中一部分是玩具，如小马、小兔俑，体量都很小，跟墓中随葬的三彩俑完全不同，其他多为容器，有壶、罐、盘、碗等，都是日常用器。与三彩同出土的瓷器系实用器无疑，如果说这些三彩器是随葬品，显然跟出土环境不大相配。白居易这样身份的人，不大可能给家里囤积一批明器的。另外，在唐墓中即便随葬三彩器，数量也不会像这样搞上百件进去。因此，白居易家里发现的这些三彩器，更有可能本来就是实用器。"

白居易熟悉民风世情，又在多地当过官员，以他的见识，应该不会在家里收藏百多件明器，也不会和家人们把玩明器吧。

朱江《对扬州出土的唐三彩的认识》(《中国历史博物馆馆刊》，1985年)一文说："1963年至1978年以来，扬州和江苏省的考古工作者在扬州的唐文化遗址和唐人墓葬中，出土了一大批唐三彩。其中具有代表性的唐三彩有：(1) 西郊扫垢山遗址附近出土的三彩鱼壶；(2) 石塔寺路遗址中出土的三彩三足炉和三彩弦纹碗、三彩大盂、三彩人面埙……"这里明确说了是在唐墓之外的唐文化生活遗址区内出土了唐三彩。原文附有出土物照片，尤其是三彩人面埙，可能是用来吹奏的乐器，或是日常生活把玩的器物，而不是专门的明器。

网友"DH小桀先生"的《唐三彩制作工艺的"前世今生"，差点被遗忘的瑰宝》一文指出："随着考古发掘出土的实物数量增多和对唐三彩窑址的大规模发掘，唐三彩的实用性越来越明显：几乎所有能够叫出名字的其他陶瓷类器物品中，都能找到唐三彩制品。研究人员发现，这些器物出土的地点多是当时的灶台、水井和房屋遗址中，如碗、盘等器皿大多在灶台附近的灰坑里，而灯、炉子则出现在居住区内。"

由此可见，唐时居民家中是常用带釉的唐三彩类器皿的。这也反证了唐时三彩器绝不是只当作陪葬器的，因为没人会在家中使用明器的物品，也没人在家门口摆镇墓兽。古人有阴阳两界的观念，禁忌之惧尤甚于现在。

陈志谦《唐安元寿夫妇墓发掘简报》（《文物》，1988年第12期）指出，右威卫将军安元寿亡故后多年，其妻亦去世。子女想选一个吉日为夫妇俩合葬，但多次卜卦不吉。此后年年卜卦年年不吉，一直到三十年后卜到了吉日，安元寿夫妇的子女才将父母俩人合葬。

在这种重视冥葬、禁忌严格的社会环境中，家宅中使用明器是绝无可能的。因此，唐三彩在唐代和陶器、瓷器是一样的，既有作明器的，也有作日常用器的。唐三彩中有一些是明器，并不能说明唐三彩就一定全是明器。这和没有人因为陶器、瓷器也当陪葬品下葬，就会把当时的陶器、瓷器都当成明器是一样的道理。

5. 唐代陶瓷烧造窑场

在陕西、河南以及河北等省，均发现了唐代烧造唐三彩的窑场遗址。河南巩义市唐代黄冶窑窑址，考古发掘已证实是长期烧造唐三彩的。其中出土的唐三彩佛像残件证明，至少在陕西、河南两地的唐三彩窑场，都曾制作供寺庙或私家佛堂使用的唐三彩。在唐代墓葬中，至今还从来没有出土过唐三彩佛像或唐三彩菩萨。

1998年6月到1999年3月，在西安西郊老机场建筑工地即唐代醴泉坊遗址，考古发掘出土了唐三彩残片、支烧架、陶范等，还发现刻有"天宝四载……祖明"字样的陶片，并发掘出四座已烧残的窑炉。考古人员认为这里是一处唐代烧三彩的窑址，出土有纪年文字的陶片，是对窑址具体使用时间的实证。

禚振西《耀州窑唐五代陶瓷概论》一文中说："唐三彩和低温单彩器共出土上千标本，其中完整和可复原器物约两百件，有盛唐、中唐、晚唐三个时期的作品……从出土的器物和标本残片看，可分为人物、动物、日用器皿和明器、建筑构件及建筑模型几种。"一辈子从事耀州窑考古发掘和研究的禚振西研究员在这里已明确指出，唐三彩器有人物（其中有佛像人物）、动物、日用器皿和陪葬用的明器，还有建筑构件等类别。

由此可见在唐代时，唐三彩窑场烧制的产品中，作为陪葬的明器只是一部分，而不是大部更不是全部。禚振西研究员在这篇文中还指出："日用器皿和明器，有碗、盒、灯、壶、枕、盆、罐、瓶、杯、唾盂等，小件最多，完整和可复原的有上百件。最多的是上小、下大、中间束腰的小葫芦瓶。在药王孙思邈的故乡出土这样多的小葫芦瓶，估计很可能是药具，可用来装药物。"数量很大、装药用的小葫芦瓶，显然是生活实用器而非陪葬品了。那么碗、盒、灯、壶、枕、盆、罐、瓶、杯、唾盂等，其中一部分或其大多数，也不应是陪葬明器，而是日常生活实用器具了。

陕西考古研究院的学者张建林通过比对并用现代仪器测试三彩残片的成分，发现乾陵的两处唐太子墓和一处公主墓中的唐三彩，与现在已知的耀州窑、西安西郊、巩县窑、邢窑等地的三彩器的成

陕西历史博物馆中的三彩牛枕　　　三彩罐　　　三彩柳条罐

分都不相同，这也意味着还有未发现的三彩窑址。

现在已陆续发现了二十多处唐时烧造唐三彩的窑址，其中一些窑址都是有多座窑炉，如巩县窑有八座，耀州窑有四座，都不是仅有一座窑在烧唐三彩。

陆陆续续还有新发现窑址的消息，不知还有多少唐时烧造唐三彩的窑址并未被发现，应该还有更多，不然不会出土这么多不同胎色、不同品质的产品。而且，唐三彩的器型种类繁多，风格各异，显然是来自不同地域。

6. 运河沉船遗址出土区

杨建华《淮北柳孜隋唐运河遗址出土的唐三彩鉴赏》（《文物鉴定与鉴赏》，2014年第9期）一文指出，1999年5月，在改造安徽宿县至河南永城的公路时,在淮北市柳孜村发现一处石结构遗址,在对该遗址发掘时,出土了大量的多样的唐三彩器物。

这些器具不是整捆或整包的,其中一些个件应该也不是因沉船而入水的运输品。很可能是船工们的日常使用器具,行船时因失手或颠簸而意外落入水中。因为都是单件或少量几件日常器具落水,如碗、盘、小罐之类的东西,估计也不会停船去专门打捞。这些被泥沙掩埋的日用器,在一千多年后才被发掘出土。

在网文《这才是浮槎万里,乘风破浪的中国美》中,作者指出:

盘龙抱柱烛台

已退釉的三彩器

"唐代的海上贸易包含朝贡贸易和市舶贸易。广州、扬州、明州、登州及安南作为外贸港。主要贸易伙伴是日本、朝鲜、印度尼西亚、菲律宾、印度、巴基斯坦、斯里兰卡、伊拉克、肯尼亚及埃及。""从沉船考古来看,当时主要款式为:长沙窑青釉褐绿彩瓷、越窑青瓷、邢窑白瓷、巩义窑白瓷、唐三彩以及广东地区青瓷。"

在日本、朝鲜、印度、埃及、伊拉克等十多个国家或地区都发现有唐三彩,这证明当时的贸易范围广大,唐三彩输出量也是比较大的。相信今后在水下考古工作中,还会有更多的三彩器会被发现。

随着近年来水下考古发现的瓷器和唐三彩陆续公开,南方的一些地摊或古玩店里也时有黏贝壳的碗盘之类。一些专家在网络视频或文章里还专门讲解怎么鉴别出水文物。出水文物也有了造假和仿品,可见社会上这些东西已不是少数器物了。但出水唐三彩的数量到底有多少,因无官方统计发布的消息,也无法进行估算。

7. 唐代墓葬出土的唐三彩

若据已公开的信息统计,至今出土唐三彩较多的可能还是唐代墓葬。尽管隋代已有两彩器或个别三彩器出现了,但似乎只是孤证、个例,还没有更多的出土实物说明隋代已经普遍使用三彩釉陶器。

初唐的几十年间,唐三彩似乎还未成为普遍用器。唐高宗李治和武则天的大儿子李弘的墓葬中,出土的三彩器如灯、罐等也还是以单彩为多。到"双圣临朝"时期,唐墓中的三彩器明显增多了。历经唐中宗、唐睿宗到唐玄宗时期,时间约有近百年,使用唐三彩似乎达到了高潮。

安史之乱以后,唐三彩并未绝迹,但数量较前减少了。不过,积累了几代经验的匠人们，在中晚唐时期还是烧制出了不少特别精美的唐三彩，有的几乎挑不出以前常有的瑕疵，如窑沾、积釉、釉面厚薄不匀等，让鉴定者往往不敢识真而误判。

正如前面所分析过的，唐三彩器在祭神区、宫殿区、寺庙、市场、居住区等地方没有大量出现，是因为三彩器和当时的房屋建筑、日用器具等一样，都被毁掉了，无法传承保留到一千三百年后的今天。

唐代曾经普遍使用的瓷器，除墓葬或窖藏出土外，还没有人见过传世器。唐三彩也是一样，只有埋在地里或墓葬中的、遗落在河流污泥或水井里的、埋在寺庙地宫中的唐三彩得以保留了下来。这说明唐三彩也曾经像瓷器一样广泛使用，但并不能因其常出土于墓中，便武断地推测唐代的瓷器或三彩器都是明器。

8. 海外出土的唐三彩

据日本NHK报道，2018年7月20日在日本奈良藤原京遗址出土了早期唐三彩碎片。当地教育委员会调查后表示，这是日本目前已出土唐三彩中最古老的一件，基本可以确定是由遣唐使带回日本的，属于一件唐三彩枕的一部分。

日本出土唐三彩的遗址共48处。京都、奈良等近畿的遗址地有31处，日本奈良县安部寺西北出土了唐三彩残片，奈良的大安寺经堂与讲堂之间也出土了唐三彩30多件。京都、奈良以外的有7处，日本西部有10处。在日本帝王所居的近畿城区出土这么多件唐三彩或日本烧三彩，说明它应该不是下葬的明器。无独有偶的是在唐宫遗址中也出土有唐三彩瓷枕的残件，看来使用华丽的唐三彩瓷枕，是当时皇家贵族们的时尚。

日本博物馆藏文官俑

日本博物馆藏仕女俑

日本博物馆藏瓷枕

犬形唐三彩瓷枕大面积施贵重的蓝釉,高16.5厘米,长38厘米。开片自然细碎,釉色交融厚重,卧犬姿态憨萌可爱。其品种是唐代宫廷贵妇豢养的从外国进口的猧犬,极为贵重。这种瓷枕较为少见,和流行的长形、椭圆的瓷枕还都不一样。由此可知唐代时瓷枕是多种多样的,唐代宫廷贵族们也是使用多样类唐三彩瓷枕的。

日本学者三上次男先生在《陶瓷之路》一书中提及了多地出土唐三彩的现象。除日本、朝鲜、东南亚等地外,在东地中海沿岸到美索不达米亚,沿途都曾发现许多中国的唐三彩。在美索不达米亚的萨玛拉遗址中,出土了唐三彩碗和盘、罐等残件。在伊朗、埃及等地也出土了唐三彩器具。

这些在国外出土的唐三彩器具,基本上是碗、盘、罐、枕等日常生活用器,而不见有镇墓兽、天王力士俑之类专用于陪葬的品种。当时外国人购买的或出口卖给外国人的唐三彩,主要是日常用器、观赏陈设器、礼仪用器等。

由此也可得出,唐三彩并不只是丧葬用器,不是为亡人所专用

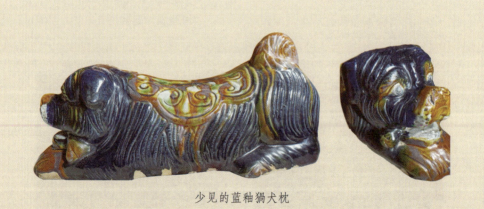

少见的蓝釉猧犬枕

的不吉利的器物。不然的话，国外这么多地方的这么多人，也不会不远万里地把给死人用的器具带回去使用，这显然是不合乎情理也不合逻辑的。今天世界各地的旅行者在外国买纪念品或土特产，但谁也不会买亡人用的东西往回带。

中国的唐三彩通过丝绸之路流通到外国，引发多国民众的喜爱与效仿。于是不仅有了新罗三彩，还出现了奈良三彩、波斯三彩等学习、使用唐三彩技法的产品。海外出土的三彩器中既有中国的唐三彩，也有当地烧造的三彩器，但外国烧造的多是陈设器和日用器，并没有出现像中国这样的镇墓兽之类的明器。这从另一方面也说明当时的唐三彩的种类是多样化的，当时的中国人和外国人都不认为唐三彩只能是明器。

五 唐三彩与其他陪葬品

1. 唐代陪葬器名类繁多

唐人墓葬中陪葬品种类繁多，根据多份考古发掘简报的论述，主要的陪葬品有以下样类：

墓志铭：多为石质，也有些陶砖质地的。刻字或写字评介亡者的身世、生平，多为褒赞之词。

金银器：多在皇室贵族墓和高官墓葬中出土，平民墓葬中很少见。有杯、碗、盒、盘以及发簪、吊坠之类。

铜器：如铜镜、铜洗、铜钱、铜环、铜锁等。铜镜小件为多，大铜镜如海兽葡萄镜等因当时价格较贵而很少用于陪葬。

铁器：主要是日用剪刀、铁钉、铁锁等，铁钉多见。

陶器：普遍是陶俑、陶镇墓兽、陶马、陶天王、陶力士等。其他多为陶盆、陶盘、陶罐、陶碗、陶砚等日常用器。有上彩的，也有不带彩的，讲究的彩陶俑上还有贴金、描金的。

玉石器：多为石砚、石珠、玉佩、玉环、玉带钩等。

陶偶像：主要是陶人俑、陶车、陶马、陶狗、陶骆驼等。

琉璃器：贵族墓或富豪墓中时见有杯、盘、珠等小件琉璃器。

瓷器：多为瓷碗、瓷盘、瓷碟、瓷壶、瓷罐、瓷灯、瓷枕等。

彩釉器：即今日称谓的唐三彩釉陶器，品样繁多。当时可能称为瓦器、瓦瓷、青瓦、瓦釉、釉陶、花釉等。

钱币：主要是"开元通宝"铜钱，还有银锭、银饼、金元宝等。

也有随葬唐代之前各朝代钱币如五铢钱的。

木器：多已朽坏，可能是木偶人、木马、木盒等。

壁画：多在皇家贵族或官员、富豪墓中出现，平民墓中罕见。新疆因气候干燥，出土有保存极为完好的壁画与木俑。

珠宝类：多在皇家贵族、官员、富豪墓中出土。

丝绸品：多为衣物，如裙、衫等的残件，完整品少。

面塑类：唐代文献中多有记载，实物多已毁坏。新疆唐墓曾出土唐代已风干的花样点心、饺子、胡饼等。

纸扎类：唐代文献中也多有记载，但实物无法保存至今。

食品类：包括鲜肉、鱼、时令水果、酒、蛋、药物等。实物无法保存，几乎全部腐蚀，不见原形。

书画类：历史文献中见有记述，但唐墓出土的书画实物极为罕见。

2. 为什么众多陪葬品中人们只把唐三彩看作专用明器

陶器、瓷器、金银铜铁器等都在唐墓中当明器用，但为什么没有人说陶、瓷或金银铜铁器是陪葬品，而独独要说唐三彩是专为亡人用的陪葬品呢？很重要的原因，是民国初年唐三彩大多数或绝大多数都是自唐墓中出土的，唐墓之外发现的很少。当时的人们只知道唐三彩在唐墓中出土，便想当然地认定是专为亡人使用的明器了。

另外，唐代官方文献中有关于官员品级与配属人偶尺寸及数量的规定。历史文献和唐墓中的出土物相互印证，因而人们便毫不怀疑地认定唐三彩是陪葬品了。

那么，唐代特别是初、中时期乃至中、后时期，唐三彩是不是丧葬中最主要的陪葬品呢？表1是依据国家文物局主编《中国文物地图集 陕西分册》（西安地图出版社，1998年）中的资料数据而列名统计的，显示了在西安周边唐墓出土的陪葬品中唐三彩器与瓷器、陶器数量的比对。因为金、银、铜、铁、木、丝绸等其他陪葬品较少，故不列入比对。仅有墓志出土或已经被盗而未出陪葬器物的唐墓也未列入表内。

表1　唐代长安葬器种类统计表

有出土器物的唐墓编号及主要明器	出土的瓷器、陶器	出土的釉陶三彩器
39-B27 韩森寨墓群，墓葬数百座，其中大部分是唐墓，出土土陶器、陶俑、铜器、铁器、墓志、壁画等。	陶俑及土陶日用器物	无
B27-8 雷米氏墓，出土有陶俑、瓷碗、镇墓兽、铜镜、铁剪等。	陶器、瓷器	无
B27-9 曹景琳墓，墓主为将军。出土陶力士俑、男女俑及墓志等。	陶器	无
B27-10 董楒墓，墓主官至大夫。出土陶男女俑、带座罐、铁镜、墓志等。	陶器	无
B27-11 张十八娘子墓，出土陶罐、蚌壳、砖墓志等。	陶器	无
B27-12 董岌夫妇合葬墓，墓主董岌官至朝散大夫。出土陶罐、墓志等。	陶器	无
B27-14 姚存古墓，墓主官至散议大夫。出土瓷罐、陶罐、石佛像、墓志等。	陶器、瓷器	无
B27-16 何溢墓，墓主官至刺史。出土陶俑、马、驼、铜洗、墓志等。	陶器	无

续表

有出土器物的唐墓编号及主要明器	出土的瓷器、陶器	出土的釉陶三彩器
40-B28 大土门唐墓群，出土陶罐、武士俑、瓷罐、墓志等。	陶器、瓷器	无
B28-2 朱庭玘墓，墓主官至将军。出土陶俑、生俑、天王俑、镇墓兽、墓志等。	陶器	无
B30-2 李思贞墓，墓主官至将军。出土陶俑、马、铜带钩、弩机、绘彩陶罐等。	陶器	无
B30-3 薛莫夫妇合葬墓，墓主官至将军。出土陶塔式罐盘、灯、鎏金铜饰品、钱币等。	陶器	无
B30-4 冯君衡墓，冯君衡为高力士之父。出土陶俑、羊、铜饰品、壁画等。	陶器	无
B30-5 吴守忠墓，墓主官至羽林将军，出土石棺、壁画、铜钱、墓志等。	无	无
B30-7 高克从墓，高克从是高力士的五世孙。出土经幢、陶罐、铁器、瓷器、钱币等。	陶器、瓷器	无
43-B31 潘家村墓群，出土陶器、陶俑、"开元通宝"钱币等。	陶器	无
B31-1 李静训墓，李静训是上柱国李敏的幼女。出土银器、玉器、金器、陶俑、镇墓兽、瓷罐等。	陶器、瓷器	无
61-B49 万寿路东墓群，出土陶俑、白瓷盏、三彩兽、铜镜、钱币等。	陶器、瓷器	三彩兽
67-B55 万寿路北墓群，出土陶俑、陶罐、白瓷、黑瓷、铜镜等。	陶器、瓷器	无
85-B73 枣园墓群，出土陶俑、瓷器、三彩器、钱币等。	陶器、瓷器	三彩器

续表

有出土器物的唐墓编号及主要明器	出土的瓷器、陶器	出土的釉陶三彩器
80-B68 胡家庙东墓群，出土陶镇墓兽、男女俑、伎乐俑、马俑、驼俑等。	陶器	无
84-B72 枣园东路墓群，出土陶俑、镇墓兽、天王、瓷瓶、瓷罐、三彩马、三彩驼等。	陶器、瓷器	三彩马、驼
B72-1 俾失十囊墓，墓主官至右卫大将军。出土彩绘陶俑52件及墓志等。	陶器	无
B73-2 杨玄略墓，墓主官至银青光禄大夫。出土瓷盘、陶罐及驼、猪等。	陶器、瓷器	无
86-B74 郭家口唐墓群，出土瓷、陶、铜铁、钱币等。	陶器、瓷器	无
106-B 新西北唐墓，出土三彩镇墓兽、人俑、三彩骆驼等，以及陶俑、鎏金铜蛙等。	陶器	三彩镇墓兽、人俑、动物俑
108-B 兴庆路唐墓，出土陶俑、罐、铜镜、钱币等。	陶器	无
107-B 团结北路唐墓，出土陶罐、瓷器片等。	陶器、瓷器	无
109-B 朱家巷唐墓，出土陶粉彩沐浴童俑等。	陶器	无
B40-1 张楚贤墓，墓主官至县令。出土陶镇墓兽、人俑、动物俑、铁剑等。	陶器	无
B40-2 张王氏墓，出土陶器、陶俑、墓志等。	陶器	无
B40-3 崔纮墓，墓主官至左羽林军胄曹参军。出土陶器、陶俑、墓志等。	陶器	无
B41-1 朱弘满墓，墓主为唐长安玄都观观主。出土陶男女俑、瓷瓶、罐等。	陶器、瓷器	无

续表

有出土器物的唐墓编号及主要明器	出土的瓷器、陶器	出土的釉陶三彩器
B51-1 李爽夫妇合葬墓，李爽官至银青光禄大夫。出土陶俑、瓷碗、瓶、罐等。	陶器、瓷器	无
115-B 田家湾唐墓，出土三彩西瓜盘、三彩罐等。	无	三彩盘、罐
116-B 北山门口唐墓，出土陶俑、镇墓兽和金铤2笏。	陶器	无
118-B 西窑头唐墓，出土彩绘陶罐及阿拉伯金币3枚。	陶器	无
59-B28 南何墓群，唐墓二百余座，出土陶、瓷、铜、石、铁器近千件。	陶器、瓷器	无
B28-1 鲜于庭诲墓，墓主官至右领军卫将军。出土唐三彩及红陶俑等124件。	陶器	三彩多件
B28-2 南何东唐墓群，出土陶器、瓷器、三彩钵、银笄、铜锁等。	陶器、瓷器	三彩钵
B28-3 常史氏墓，常史氏为县令常永之妻。出土陶俑、塔式罐、瓷碗、墓志等。	陶器、瓷器	无
77-B46 简家村墓群140座，出土陶俑270件、陶瓷器228件、三彩俑等。	陶器、瓷器	三彩俑
79-B48 巨家庄墓群约五千平方米，出陶俑、铜镜、钱币等。	陶器	无
80-B49 蔺家村墓群，出土陶器、瓷器及三彩凤头壶、三彩马俑残件等。	陶器、瓷器	三彩凤头壶、马俑等
101-B 裴利物夫妇合葬墓，出土陶俑、马、驼、铜镜、骨制品、墓志等。	陶器	无

续表

有出土器物的唐墓编号及主要明器	出土的瓷器、陶器	出土的釉陶三彩器
102-B 东升唐墓，出土陶俑、瓷坛等12件及墓志。	陶器、瓷器	无
B5-4 段伯阳夫妇合葬墓，段伯阳官至内侍省侍伯。出土陶俑、三彩俑及墓志等。	陶器	三彩俑
B5-5 曹惠琳墓，墓主官至游击将军。出土陶俑、驼、瓷碗及砚、墓志等。	陶器、瓷器	无
B5-6 王明哲墓，墓主官至内侍省内府局丞，出土瓷、瓷碗、石砚、铁器及墓志。	瓷器	无
B5-7 337号唐墓，出土三彩俑、罐、镇墓兽及瓷碗盘等。	瓷器	三彩俑、兽
B8-1 李仁夫妇合葬墓，李仁是唐太宗孙，官至左金吾大将军。出土陶马、陶男女俑、铜刀等。	陶器	无
B8-2 独孤思敬夫妇合葬墓，独孤思敬官至朝散大夫。出土陶镇墓兽、陶俑、陶罐等。	陶器	无
B39-1 司马睿墓，墓主官至太子左内宁远将军。出土粉彩镇墓兽及武士俑、陶磨、木俑等。	陶器	无
70-B40 郭家滩墓群，有隋唐墓千余座，出土陶、瓷、银、铜、钱币等。	陶器、瓷器	无
B40-8 韦氏家族墓，出土金银器、陶器、瓷器、三彩碗等。	陶器、瓷器	三彩碗
B40-9 骞思哲夫妇合葬墓，骞思哲官至县令。出土陶罐、陶俑、牛、马、羊、铜饰、玻璃器等。	陶器	无

续表

有出土器物的唐墓编号及主要明器	出土的瓷器、陶器	出土的釉陶三彩器
B40-10 严知玄墓，墓主官至兵部郎中。出土男女陶俑、马、驼及墓志等。	陶器	无
B40-11 骞思泰墓，墓主官至都督府参军。出土陶罐、人俑、羊俑、猪俑、鸡俑、铜镜等。	陶器	无
B40-12 韦美美墓，韦美美为韦恂如长女。出土银器、铜镜、三彩碗、陶俑等。	陶器	三彩碗
B40-13 史思礼墓，墓主官至壮武将军。出土陶俑、瓷碗、钱币、壁画等。	陶器、瓷器	无
B40-14 屈元寿墓，墓主官至云麾将军。出土陶俑、马、虎、镇墓兽、铁器等。	陶器	无
B40-15 李玄德墓，墓主官至右龙武军将军。出土彩绘陶罐、陶俑、镇墓兽、铁器等。	陶器	无
B40-16 刘奇秀墓，墓主官至内侍省内府局令。出土铜器、陶器、瓷碗、瓷盒等40余件。	陶器、瓷器	无
B40-17 董文萼墓，墓主官至节度使监军。出土陶罐、陶天王俑、男女侍俑、马、驼等。	陶器	无
B40-18 梁元翰墓，墓主官至内侍省奚官局令。出土陶男女侍俑、天王俑、钱币等。	陶器	无
B40-20 间知诚墓，墓主官至右神策军护军副史。出土瓷瓶、浮雕石佛像及墓志等。	瓷器	无
B40-21 路复原墓，墓主官至河南府仓曹参军。出土瓷器、瓷茶托、铜镜、骨梳、钱币、墓志等。	瓷器	无
B40-22 李敬实墓，墓主官至银青光禄大夫。出土陶罐、俑、铜镜、钱币、墓志等。	陶器	无

五　唐三彩与其他陪葬品　　105

续表

有出土器物的唐墓编号及主要明器	出土的瓷器、陶器	出土的釉陶三彩器
B40-23 萧行群墓，墓主官至游击将军。出土陶罐、瓷盒、瓷罐、铜器、钱币等。	陶器、瓷器	无
B40-24 唐思礼夫妇合葬墓，唐思礼官至检校太子宾客。出土陶罐、瓷碗、瓷盒、墓志等。	陶器、瓷器	无
B40-25 王季初墓，墓主官至深州长史。出土陶罐、瓷盒、瓷碗、铁牛猪、墓志等。	陶器、瓷器	无
B43-3 郭敬喜墓，墓主封上洛侯。出土陶镇墓俑、釉陶器残片、墓志等。	陶器	无
77-B47 席王墓群，出土陶俑、镇墓兽、瓷罐等。	陶器、瓷器	无
80-B50 冶金坊墓群，有唐墓10座，出土陶罐、俑、天王、镇墓兽等。	陶器	无
81-B61 万花坊墓群，有唐墓2座，出土陶男女俑、生肖俑、钱币等。	陶器	无
97-B67 纺四路墓群，有唐墓12座，出土陶罐、瓷碗、铜镜、钱币等。	陶器、瓷器	无
99-B69 五坊墓群，出土彩绘陶俑及三彩马、骆驼、女俑、武士俑、牵马俑、牵驼俑、镇墓兽、铁棺钉等。	陶俑	三彩俑
100-B70 石家道墓群，出土陶俑、钱币、墓志等。	陶俑	无
101-B71 南园墓群，出土陶俑、罐、铁钉、钱币、墓志等。	陶器	无
121-B 韦仁约夫妇合葬墓，韦仁约官至监察御史。出土陶俑马等、三彩文武士俑、瓷盒、瓷注等。	陶器、瓷器	三彩俑

续表

有出土器物的唐墓编号及主要明器	出土的瓷器、陶器	出土的釉陶三彩器
122-B 金乡县主夫妇合葬墓，出土陶天王、伎乐俑、三彩盘及壁画等。	陶俑	三彩盘
124-B 梁家街唐墓，出土陶罐、陶俑、铜笲、墓志等。	陶器	无
125-B 官厅唐墓，出土陶马，玉器，铅车马器及钱币等。	陶器	无
128-B 枣刘唐墓，出土铜剑、铜镜、盘、熏合、香盒、墓志等。	无	无
130-B 长乐坡唐墓，出土陶塔式罐、瓷盒、三彩高足盘及铜镜等。	陶器、瓷器	三彩盘
132-B 惠西唐墓，出土陶镇墓兽、天王俑、三彩盒、手印砖等。	陶器	三彩盒
133-B 惠东唐墓，出土陶俑、镇墓兽、钱币及墓志等。	陶俑	无
134-B 岳家沟唐墓，出土陶碗、盆、瓶、炉及男女俑等。	陶器	无
130-B50 下和墓群，出土三彩马、三彩骆驼等。	无	三彩马、驼
138-B58 西孙墓群，出彩绘陶马、骆驼和海兽葡萄镜等。	陶器	无
139-B59 刘家墓群，出陶罐、陶俑、海兽葡萄镜等。	陶器	无
140-B60 石家湾墓群，出陶罐、陶俑、动物俑及钱币等。	陶器	无
34-B 关山唐墓，出土陶罐、塔式罐、天王俑、说唱俑等52件。	陶器	无

五 唐三彩与其他陪葬品　　107

续表

有出土器物的唐墓编号及主要明器	出土的瓷器、陶器	出土的釉陶三彩器
86-B20 西韦墓群，出土陶俑、塔式陶、瓷器、三彩器、金箔等100余件。	陶器、瓷器	三彩器
B20-1 西韦北墓群，出土陶俑、塔式陶、瓷碗、瓷盘、瓷碟等。	陶器、瓷器	无
B20-2 西韦西北墓群，有唐墓31座，出土陶瓷器、三彩器、金箔等100件。	陶器、瓷器	三彩器
B20-3067 唐墓18座，出土陶人物俑、塔式罐、白瓷碗等百余件。	陶器、瓷器	无
B20-4 粮食局墓群，出土陶罐、人物俑、铜镜、墓志等。	陶器	无
B20-5 地质七队墓群，出土陶器、瓷器、天王俑、镇墓兽、铜镜、琉璃器等。	陶器、瓷器	无
B20-6 稽查所墓群，出土陶罐、三彩马等。	陶器	三彩马
B21-1 206 所墓群，有唐墓6座，出土陶器、铜器、铁器、骨器等120余件。	陶器、瓷器	无
B22-1 裴氏墓，裴氏系县令之女。出土彩绘陶镇墓兽、男女俑、胡人牵马俑、黑人俑等48件。	陶器	无
123-B57 张坡东南墓群，有唐墓23座，出土陶罐俑、瓷器、瓷罐及铜镜、三彩罐、银币等。	陶器、瓷器	三彩罐
121-B55 北里王墓群，出土唐仕女俑、生肖俑，以及镜、铜饰、钱币等。	陶俑	无
B57-1 郭晸夫妇合葬墓，郭晸授东宫细引。出土陶器、陶俑、驼俑、镇墓兽等25件。	陶器	无
B57-2 郭恒夫妇合葬墓，郭恒官至龙州刺史。出土陶壶、镇墓兽、文武官俑、十二生肖俑等。	陶器	无

续表

有出土器物的唐墓编号及主要明器	出土的瓷器、陶器	出土的釉陶三彩器
124-B58 客北墓群，有唐墓16座，出土陶罐、壶、塔式罐、瓷水盂、铁铜器等。	陶器、瓷器	无
B61-1 韦洞墓，墓主被追赠汝南郡王。出土彩绘陶人及动物俑、鎏金铜带、银壶等302件。	陶器	无
B61-2 韦泂墓，墓主被追赠淮阳郡王。出土彩绘陶俑、动物俑及鎏金器、铜器等100余件。	陶器	无
B61-3 韦顼墓，墓主官至卫尉卿。出土彩绘陶俑、大型石棺、墓志等。	陶器	无
B61-4 南里王唐墓，出土陶件、狗、猪、驼、塔式罐、钱币等。	陶器	无
128-B62 凤栖路墓群，出土陶罐、陶俑、动物俑、瓷盒等。	陶器	无
131-B65 南留墓群，出土粉彩马、陶驼俑、十二生肖俑等。	陶器	无
136-B70 东曹墓群，出土人俑、家禽俑、镇墓兽、胡俑、乐俑等500余件。	陶器	无
174-B 清源县主墓，墓主为寿王第六女。出陶镇墓兽、男女俑、生肖俑、动物俑等。	陶器	无
177-B 东伍唐墓，出陶碗、镇墓兽、瓷罐、莲花座等。	陶器、瓷器	无
178-B 里兆唐墓，出土陶罐、人物俑及瑞兽铜镜等。	陶器	无
179-B 东王唐墓，出土陶塔式罐、黑釉瓷罐等。	陶器、瓷器	无

以上系国家文物部门正式发掘或勘查后的统计数据,包括西安市碑林区、新城区、莲湖区、雁塔区、未央区,以及远郊灞桥区、临潼区、阎良区、长安区所辖地域内的所有编号唐墓。唐代的十八座帝陵及陪葬墓,因数据不全,未能完全统计在内。

由表可得出以下结论:

(1) 随葬明器中唐三彩是少数

纳入统计的这些墓葬基本上是初唐、中唐时期的,且以中唐为多。因此可以从中看出所谓唐代厚葬时期,或所谓唐三彩盛行时期的陪葬品真实情况。

引用统计数据119个,包括了大约上千个唐代个人和多人墓葬。其中唐墓群39个,个人和夫妇合葬墓80个。根据墓志可判断这些单人墓墓主多是皇族、官员,或有一定爵位者,即是根据当时律法有资格使用唐三彩陪葬器的人。

统计数据显示,上千个唐代墓葬中,陪葬有陶器的占99%,其中有陶俑、镇墓兽等,但更多的是陶罐、陶盘、陶碗等日常实用器。同一处墓中,陪葬陶器也同时埋有瓷器的有33处,约占总数的30%。而同时埋有陶器、瓷器和三彩器的有23处,只占总数的20%。只陪葬三彩器而没有其他器皿的墓葬尚没有发现。

由此可以看出,当时唐人的诸多陪葬品中,最普遍、最常用且大量入土的仍然是陶器,其次是实用类的瓷器,唐三彩器是排在第三位的。

为什么依唐律可用唐三彩器物的官员,有一定身份而不至于生活拮据的人,并没有都用或多用三彩釉陶器呢?我们今天津津乐道的唐三彩,在唐代的丧葬过程中,是不是像今天人们所想象的那样重要、那样特别、那样非有不可呢?

根据唐代《大唐开元礼》的记载,唐代官员或当时重视、讲究丧葬礼仪的人，丧葬事务是极其繁杂的。通过其程序之多，讲究之多，用器之多，用人之多，可以想见其费用之高，甚至是超乎今人想象的。皇族、高品官员的丧葬程序主要有：初终、复、设床、奠、讣告、沐浴、袭、设冰、饭含、赴阙、敕使吊、设铭、悬重、陈小敛衣、设奠、小敛、敛发、小敛奠、陈大敛衣、奠、大敛、大敛奠；殡庐次、成服、朝夕哭奠、宾吊、亲故哭、州县官长吊、刺史遣使吊、亲故遣使致赗、朔望殷奠、卜宅兆、卜葬日、启殡、启殡朝庙、赠谥、亲宾致奠、将葬陈车位、陈器用、进引、引輴、輴在庭位、祖奠、輴出升车、遣奠、遣车、器行序、诸孝从柩车序、郭门亲宾归、诸孝乘车、宿止、宿处器泣、行次奠、茔次、到墓、陈明器、下柩哭序、入墓、墓中祭器序、掩圹、祭后土、反哭、虞祭、卒哭祭、小祥祭、大祥祭、禫祭、祔庙等。

在这几十项礼规仪程中，其中有不少是有诸多要求、规则和禁忌的。不同等级、不同身份的人亡故后，连沐浴用的物器、用几个人给洗身都不相同。此外，连抬亡人用的器具，用什么样的车，车上用的丝绸有无流苏等，都有法律上的规定。

而陪葬用的明器，自然也有律法的规定。《唐会要》（中华书局，1955年）中指出："王公以下送终明器等物，具标格令，品秩高下，各有节文。""一品、二品、三品为一等，四品、五品为一等，六品至九品为一等。凡命妇各准本品，如夫、子官高，听从夫、子；其无邑号者，准夫、子品。荫子孙未有官者，降损有差，其凶器悉请以瓦木为之。"

唐代不仅皇族、官员的丧葬程序复杂，就连百姓的丧葬活动也很繁复。长安的东市、西市，也有为百姓服务的"凶肆"。他们会假扮成为辟邪神方相氏，提供执穗帷、灵幡、灵旗以及唱丧歌等服务，还可以租赁丧葬专用的輴车。凶肆可以代主人选墓穴、卜吉日、挖墓圹、立碑，当然也提供包括明器在内各种丧用品，如棺木、墓志、铭旌、奠品、祭器、柩车等。而今天我们视为珍宝的唐三彩，在唐代时只是诸多陪葬器中的一种，并非当时最为贵重、最为重要、非有不可的丧葬用品。

《太平广记》引《杜阳杂编》记同昌公主"及葬于东郊，上与淑妃御延兴门，出内库金骆驼、凤凰、麒麟各高数尺，以为仪从。其衣服玩具，与人无异。每一物皆至一百二十舆。刻木为数殿，龙凤花木人畜之象者，不可胜计。以绛罗绮绣，络以金珠瑟瑟，为帐幕者千队"。由此可见，唐代时，不管是对皇贵官员来说还是对平民百姓来说，选用随葬明器只是繁杂隆重的丧葬活动中的一个环节。因此，我们应该把唐三彩放在唐人的整个丧葬活动过程中适度把握，或才能比较接近唐人使用三彩器的真实情态。

《大唐开元礼》中记载："三品以上，明器九十事，共五十舁；五品以上，明器六十事，共三十舁；九品以上，明器四十事，共十舁。以上明器要求都用瓦木为之，四神不得超过一尺，其余偶人不得超过七寸。庶人用明器十五事，不准在墓圹中置放四神十二时。所造明器，也只准用青瓦，高度不得超过七寸，最多不能超过三舁。"舁，就是两人或四人一抬的意思。因陪葬用品太多，必须用几十人甚至上百人抬着各种用器前往墓地，实际上也有向路人展示和炫耀的目的。但这些律条并未被绝对遵行，故而唐王朝曾多次下令要求改正厚葬逾规的风习。

由此可见，唐时下葬用的唐三彩，是可用可不用的，用多用少也是可以自主选择的。习俗的力量始终是主流，传统的常用的陪葬品，如陶器、瓷器等，依然是当时大多数人的选择。

（2）唐律令为何要限制唐三彩的大小、数量

我们看到郑仁泰麟德元年（664）墓里残存的俑就多达483件；

李爽总章元年（668）墓中也有多达383件俑；永泰公主神龙二年（706）墓、懿德太子神龙二年墓、章怀太子神龙二年墓等皇室太子、公主的墓中，竟有多达1000件以上的陪葬俑。

正是因为权贵逾制，陪葬明器的数量极多，俑偶人像越来越大，才有了皇帝及有关部门三番五次下令对明器的数量和俑偶的大小予以规定。在陕西唐三彩艺术博物馆中，能见到高达1.6米的文官俑、武官俑，1.22米高的唐三彩马及一米左右的唐三彩骆驼、唐三彩仕女等。这样巨大的唐三彩生气喷薄、气势撼人，视觉冲击力之强是少见的。

陕西唐三彩艺术博物馆藏高大的三彩俑

郑德坤、沈维钧《中国明器》（哈佛燕京社，1933年）一书中，引用了英国考古学家叶兹博士描写他进入唐墓时的所见："这是唐代之物，死者在墓室中央之床上横着，天井悬挂一铜镜，悬于死者颜上。土器及衣服堆积于其四周。烧泥的小像多数类新出土的隋唐时代物。其大者与人体相等，皆带有唐代特色的彩釉。"

唐三彩人俑、动物俑等烧制得这么大，必然令当时的唐人吃惊和羡慕。当此风兴起，人们跟着效仿，其费用是整个社会的负担。因此，唐政府不仅要限制数量，也要限制俑器的大小了。唐律令中"高不过一尺""高不过七寸"等要求，便是对使用大尺寸明器的限制，也是对当时丧葬竞比、费用过大、厚葬风气愈来愈盛的纠偏和刹车。

当然，在当时的社会中，并非所有人都愿意效仿这种重厚葬、显富贵的做法，如名臣虞世南、姚崇、萧瑀、宋璟、白敏中、傅奕、李勣等人，都主张丧事从简。

另外，并非如一些专家学者所论断的那样，唐时官员的随葬明器是衙门统一配给的，是不收费的。三彩器之类的俑器，一般是按照官员的不同品级给90件或70件或50件的。唐代的文献资料显示，当时唐政府对官员的丧葬是有一定补贴的，即上文所引的"赙"，但多是赠财帛，并非都发俑、偶等明器实物。

唐政府给官员的赙赠是有限的，而唐人丧葬时的项目极多，比如买棺椁、多次祭奠、招待宾客、打墓、出殡、封墓等，开销极大，绝不可能把钱全用在买明器上。所以，相比于昂贵的唐三彩明器，还是陶器和瓷器便宜，故而明器中仍以陶器、瓷器为主。

唐三彩有生活器、宗教器、陈设器等十多个种类，丧葬用的镇墓兽、天王俑等只是其中的一个小类，并不占三彩器的多数。

或许是作坊担心大量生产后市场不好，而不愿大规模制作；或许是因买家要求不同,需要专门订制而时间有限无法制作;或许是亡者家属没有在市场购买到合适的产品;或许是没有足够的钱财购买昂贵的唐三彩器……许多人即使有资格使用但也并未购买唐三彩陪葬,还是依照传统和习惯使用了陶俑或陶镇墓兽。当然,还有今天的我们或许已经无法猜测的原因与因素导致出现了以上的现象。这里明显有一个矛盾,也就是在唐墓的出土物中,陶器和瓷器的数量远比三彩器多,那么为什么人们不说陶器和瓷器是专用于陪葬的明器呢?反而是使用的最少的三彩器,却偏偏被认定是专用于丧葬的明器,以致后人将所有的唐三彩器都当作明器,认为是不祥之物。

这种唐三彩专用于丧葬的说法,实际上才流行了一百多年。民国之前到唐代的一千多年里,也有宋辽金元明清多代的三彩器,但也没有人将这些三彩器认为是丧葬专用明器。

究其原因,还是社会上曾普遍使用的其他的唐三彩,如陈设器、日用器等,和当时的陶器、瓷器一样,如今难有传世之物了。而墓葬中保留下的唐三彩,特别是一些墓中还出土上百件唐三彩,又都是镇墓兽、天王力士俑、文武官俑等。

陶器和瓷器,在唐以前已是多代人使用过的了,没法认定它专为明器。而唐三彩却是唐高宗时刚刚兴起的,后来又多出自墓中,因而给人的印象,便是唐三彩应该是当时专用于陪葬的明器了。若不细细考察探究,这一说法似乎还是很有说服力的。持这一观点的又多是专家教授之类有话语权的人。他们在各类书里写,在电视和网络上讲,还办陶瓷培训班进行授课,人云亦云以讹传讹便流行到现在。没有多少人对这一说法质疑,即便曾有人提出异议,但专家学者名流之类的人也不予以回应。社会上只有一种沿以为习的主流声音。大家以讹传讹传了那么多年,没人明确提出批评,去否定那么多学者名流,故而至今这一观点仍然是社会上广为流行的主流说法。这种无明而粗心的名流专家不是一两个，因为出名后的一些大师往往自我膨胀，以为无所不知了。他们多不愿意不耻下问，他们认识不到自己以往的认知是有限的。权威的面子和繁忙的社会活动，收费鉴定、视频上镜、讲课办培训班等应接不暇，让他们处在无法潜心学习的境地。这也提醒我们，研究古陶瓷的人还是应该警惕自以为是的，应该不断更新自己的知识和眼界，因为我们不知道不确定的东西很多。历史上遗留下来的信息又多是残缺不全的。要敢于正视自己的无知，警惕自己的武断，及时消除误解，头脑才能清醒一些。

六 唐三彩的生产数量

六 唐三彩的生产数量

若唐三彩是专为亡人陪葬而生产的器物,那生产数量上必定要有一个限度,即三彩明器的社会总需求量,决定着窑场的生产数量。窑场不会过度生产,以防卖不出去造成商品积压而亏损。明器的社会需求量应该有一定的规律或是一个常数,当时相关行业有经验的人应基本能把握。盲目生产的窑场是要倒闭的,场主自然会很谨慎。

1. 唐三彩明器数量较少

从现有发掘报告的统计数字可知,唐三彩多出在唐代的长安和洛阳两地,多出土于皇家、贵族、官员、豪商的墓葬中。实际上不少唐墓仅出土了瓷器和陶器等,而未见唐三彩作为陪葬器。

如马红、秦怀戈、范炳南《西安南郊出土一批唐代瓷器》(《文博》,1988年第1期)一文指出:"瓷品是从距地面约4—5米深的土洞里挖出的,土洞共有十几座,瓷器是放在洞内尸骨的周围,每个洞有1—3件不等。""瓦胡同村位于当时唐长安城郭城外,启夏门附近,属于万年县所辖的乡里。当时长安城内居住的大贵族大官吏死后除陪葬于皇陵外,一般官吏墓地多分布在万年县东南和长安县西南所属的乡里。"

在这里出土了白瓷盒6件,青瓷盒2件,白瓷碗2件,白瓷茶托1件,白瓷瓶1件,白瓷壶2件,白瓷坛1件,白瓷杯1件,白瓷水盂4件,青瓷水盂1件,青瓷罐1件,青瓷饰件1件,青瓷罐1件,而没有三彩釉陶器。

赵力光、王九刚《长安县南里王村唐壁画墓》(《文博》，1989年第4期)一文中说："发现一些残缺不全的小件陶器、陶俑，及一些碎片，计有陶牛、陶猪、陶狗、陶骆驼、小女俑、分离塔式罐、陶砚等，仅陶砚制作的较为精致。"

辛明伟、李振奇《河北清河丘家那唐墓》(《文博》，1990年第7期)一文指出："墓内随葬器物共34件，按摆放位置可分为6组。由于墓室坍塌，少量陶俑砸碎，但大部保存完好。只因积水浸蚀，彩绘多已脱落。遗物分布情况如下：墓室南侧甬道口内相对并置陶武士俑2、镇墓兽2；墓室西侧置陶牛车1、马2、骆驼1、狗2、猪1、磨1；墓室东侧置陶墓龙、砖雕文吏俑、釉陶观风鸟、青瓷罐、陶筒形器各1，陶罐5；棺床上置铜镜、带钩各1；墓室东北侧置石墓志1合；墓室中央、棺床前与甬道相对处置题名陶俑，其两侧分立陶女俑6，胡人俑、文吏俑各1。"此唐墓陪葬品较多，但只有陶器、铜器、石器等，却没有唐三彩。正如《中国古代陶器鉴定》作者姚江波所说："唐三彩的随葬以西安和洛阳居多，其他地方很少见。"

西安一位资深考古人员说他在陕西凤翔清理过几十座中、小型唐墓，出土粉彩陶器多，没有出土过一件唐三彩。在长安县郭杜镇几平方公里的范围内清理过上百座唐墓，也未出土几件唐三彩。

1991年西安东郊一烧砖厂在取土时，发现唐代金乡县主和丈夫于隐的合葬墓。金乡县主是唐高祖李渊的孙女，滕王李元婴的三女儿。该墓有壁画，石棺装殓，属于唐代高等级墓葬。出土有天王俑、文官俑、骑马奏乐俑、骑马骆驼俑等多件陪葬品，但全是陶俑器，并没有带釉彩的唐三彩。由此可知，唐三彩并不是唐代十分常见的陪葬明器。

"今日头条"2021年12月8日发布的《2001年西安发现古墓，考古人员见到棺中金冠时不解：它怎会在这里》一文指出：2001年，考古专家在西安理工大学曲江新校区共发现古墓葬186座，这是一个古墓群，主要以唐朝的墓葬为主，多达140余座。在发掘清理的过程当中，专家发现这些墓葬都没有被盗掘的痕迹，推测是唐玄宗开元前后的平民墓葬。陪葬品很简单，没有什么值钱的物件，更没有出土唐三彩。但根据墓中出土的一方墓志可知，其中有一位墓主名叫李倕，是一位弘文馆正七品官的夫人，也是李渊的第五代宗室女，属于石棺装殓的高等级墓葬，陪葬有金冠和陶俑等，但没有见到一件唐三彩。

由此可见，即便是有资格有能力的亡者，也可能因某种原因而不使用唐三彩陪葬。因此唐三彩出土较少，是可以理解的。

2. 唐三彩的存世量之谜

统计现存唐三彩真品的数量颇为困难，因为没有官方权威发布的数字，但研究唐三彩的现存数量，必然要去估测当时可能的生产数量，以现存数量和唐代唐三彩的生产数量进行比较，将有助于我们接近唐三彩在唐代时的社会使用状态。

为统计现存唐三彩的数量，著者曾广泛查找资料，还专门找到杜卫民《古玩存世量与价值评估》（学苑出版社，2007年），该书"唐三彩的价值和存世量"一节中说："唐三彩于1905年陇海铁路修建时，在洛阳挖掘出唐墓才被发现……当时许多珍品主要是流失海外。新中国成立后配合大规模基本建设的科学发掘，使得西安、洛阳又出土了大量唐三彩。""但同时，科学考古发掘也表明，唐三彩仅仅流行于开元、天宝年间的高级贵族墓中，因此总数不会很多，今后很难再发现了。"

这本书是2007年出版的，按理说此时应该知道唐三彩的数量绝不仅限于博物馆中的那些藏品和展品。即便是不估算民间收藏的数量，对部分博物馆与文保单位已公布的收藏量，也应该有个模糊估计。但著者没有做这方面的工作。书中"唐三彩的数量"这整整一章说来说去，就只是说了"总数不会很多"这么一句话，让人昏昏然不知这"不会很多"，是百、是千还是万，可能会是多少。这样的论述，实在是浪费读者的时间。实际上唐三彩的存世量还是可以进行预估的，哪怕只有一个模糊概念，也便于其他研究者继续深究探讨。

网友"pengxq书斋"曾发表《洛阳博物馆唐三彩馆》，文中称："洛阳目前各级文保单位所藏唐三彩总数达到1000件以上，占全国唐三彩馆藏总量的50%。"

我们据此可知，当时各级文保单位收藏的唐三彩应有2000件左右。而全国最大的民间唐三彩艺术博物馆在西安，展品量在600件左右，那么已公开的唐三彩数量有2600件左右。

民间的私人收藏品或接近这个数或超过这个数，因为在全国多地古玩会上都曾见到有唐三彩真品出现，各类鉴宝电视节目或网络上，也有不少唐三彩被专家认定为真品。

因此，国内现存的真品唐三彩，其上限预估应在5000件到7000件左右。因为在2000年时，考古人员在陕西发掘唐惠陵时，就又发掘了近千件各种类的唐三彩釉陶器。

这些年来，国外未统计的唐三彩不好预估，但不会高过国内的数量，上限也可估在3000件左右。那么我们大概有个底了，现存唐代的三彩器数量，可能至少有7000件，至多1万多件。

对这个预估的模糊数量，著者询问过不同的研究者，有人认为偏高，有人还认为偏低，但我们还是要考虑到有很多唐三彩存世品是没有公布的，正在修复室拼接黏合的也有数千件。在唐三彩存世量复杂性和不透明的情况下,暂就以2万件左右为预估数。

为什么预估的模糊数量要在2万件左右?因为一位考古研究院的研究员说,全国至少已有1万座唐墓被发掘了。可惜绝大多数已是空墓,出土的墓志总数已达万块以上了,这个数字是有实物为证的。因此我们按照出土唐三彩的墓葬约占唐墓总数的20%左右计算,那就可能有2000多座唐墓中随葬有三彩器。

网友"有来有去"曾发表一篇《耀州窑唐三彩》,称:"陕西出土唐代三彩器的墓葬就有2000余座,主要分布在西安及其附近各市县。河南境内也有1000余座。"

这是目前能见到的最高数量的统计了,文中数据不知出自何处。

供佛用的三彩盘

但即便以3000座唐墓,平均每座墓出土10件唐三彩计,总共也就3万件左右的陪葬三彩器。而根据已有考古报告的唐墓出土三彩的数量计算,除极少数的墓葬外,每个墓一般情况下只出有一两件唐三彩,其余多为陶器、瓷器等。

以此推论,预估已出土的唐三彩数量,多或在3万件左右,少或在15000件左右。国外的唐三彩也是从国内流转出去的,因此,取中位,暂以唐三彩国内外的存世总量大约有2万件计算,还是比较有依据的。

唐三彩天王俑

据陕西省文物局官方微博"汉唐网"所发消息说，西安咸阳国际机场三期扩建工程勘探又发现古墓葬3500多处，这里很可能还有唐墓及唐三彩。总之，唐三彩作为唐时曾普遍使用的器具，绝不会只是墓中出土的那点数量。因而现今以所见唐三彩稀少而过低估计唐三彩的存世量，是不符合事实的。若过高估计唐三彩的存世量，现也没有权威数据的支持。当然，这一预估的数量，只是依据现在能见到的很不完整的信息做出的模糊估计，希望有学者能有办法找到更多的信息，得出新的更准确一点的结论。

3. 模糊估算唐三彩在唐代的生产数量

那么唐代究竟生产了多少件唐三彩呢？这必须知道唐代有多少个窑场在烧造唐三彩，烧制了多少年，才能有个大概的估算。据各地考古发掘资料和公开报道，在河南洛阳有1处窑址，巩义大小黄冶村至少有3处以上唐三彩窑址，西安西郊老机场也发掘过3处唐三彩窑址，铜川市黄堡镇至少也有3处烧制唐三彩的窑址。

此外，还有河南郏县黄道寨窑，禹县下白峪窑，山西固镇窑、泽州窑、浑源窑，扬州也至少有2个以上的窑场曾烧制唐三彩。还有河北的邢窑、定窑，四川的邛窑，以及西安新发现的东郊的唐三彩窑等，已发现的唐代烧造唐三彩的窑址便有20多处。近年来在寿州窑也发现了唐代绞胎瓷片，唐代曾烧造唐三彩的窑址应该还有未被发现的。

实际上每一处窑场并非只有一座窑炉烧造产品，因为从生产费用经济合理的角度，一般情况下，工匠必会用三五座甚至如巩县窑那样用多座窑炉轮换烧制，这样才能降低成本并保证赢利。若一处窑场只有一座窑炉烧唐三彩的话，人工、时间等的浪费，以及废品的成本,最后自然要亏损了。

那么唐代每一座窑炉能烧制几件唐三彩呢?邢景文主编《陕西古代科学技术》(中国科学技术出版社,1995年)一书指出:"据考古发掘,焙烧唐三彩的窑炉为半倒焰式窑炉……铜川市黄堡唐三彩窑炉遗址长10.5米,宽0.8—1.4米,深0.33—0.5米,用耐火砖砌成。""三彩制品焙烧时放于圆形匣钵内,匣钵的大小视所装制品而定,每个匣钵放置一件或数件。"这样大的窑炉每窑至少要烧二三十件以上吧,除掉废品,暂以每窑出成品10件计算是可能的。

我们就以初唐到开元天宝年间的90年计算,每一处窑址只算有一座窑炉烧造,这20座窑平均每窑出成品按10件计,每月按烧5窑计,则这90年间烧出的唐三彩器,总数至少已在108万件以上了。

实际上大都市区的需求量大,烧的要比这一估算数高一些,而偏远的地方烧的量则不一定达到平均数。但我们估算求平均值,则烧出的唐三彩器至少在百万件以上是可能的。唐时的人口在4千万到8千万之间,两都繁盛时人口相加约有150万人。这么多的人口,使用器具的需求量实际上很可能要远远超过这个平均数量。

现如今,唐三彩几乎多数是地下出土的,主要还是从墓葬中出土的,传世的几乎没有。那么,唐代时烧造的唐三彩器,只有不到百分之二是当明器埋葬了。那剩下的唐三彩器,至少在百万件以上的各种唐三彩器,若不是陪葬埋入地下,又会到哪里去呢?只有一种可能,唐三彩器在唐代,和当时的陶器、瓷器一样,是日常普遍使用的器具,而并非只是作为丧葬明器的。

埋入地下的唐三彩只是当时生产品中极少的一部分,是为满足丧葬需求而烧制的三彩器。当时大量的唐三彩生活用器、三彩宗教用器、三彩陈设用器、三彩玩具、三彩文房器等,都像当时使用的陶罐、陶盆以及瓷碗、瓷盘等一样,在一千多年的世事动荡中损坏

唐三彩女俑神情矜持　　　　装饰繁多的三彩鸡首提梁壶

了，消失了。而只有那部分埋在地下的唐三彩，反倒保存了下来，被一千年后的人们挖了出来。

这些埋入地下的唐三彩器，只是当时百万多件三彩中的百分之二左右。若再考虑到历代盗墓、毁墓破坏的唐三彩明器，也许可以将埋入地下的唐三彩数量扩大几倍，即便算作有5万件到10万件，那也只是当时唐三彩生产总量中的极小的一部分。

而唐三彩明器绝不会烧造上百万件。其一是因为从唐高宗、武则天开始直到安史之乱前，九十年间没有非常异变能使那么多人亡故。其二是现在发现唐墓的数量，也没有几十万座那么多。其三是唐墓中陪葬的唐三彩明器比例很小，当时社会的丧葬品购买力没有那么大。其四是唐三彩的窑址烧造并出土的还有其他产品，并不是只有明器。因此，我们可以否定唐三彩明器会烧到上百万件这种可能性。

当时唐人生活使用过的大量的唐三彩现在已经看不到了，这极少量的埋在墓中的唐三彩，因为能被后人看到，却被误解为唐三彩只是或绝大多数是明器了。

4. 皇贵高官为什么爱陪葬唐三彩

唐代的皇室、贵族、高官对用唐三彩作陪葬品的情有独钟，并非偶然。同样作为陪葬品的唐代陶器、瓷器，尽管数量上较三彩器多，但为什么人们把唐三彩当雕塑艺术品看待？为什么唐三彩的骏马、骆驼、天王力士俑、男女侍俑，乃至一些镇墓兽，都出现在中外一些最为盛名的博物馆里当艺术品陈列，而且长时间来一直都是这样呢？

唐代初中期的瓷器以"南青北白"为大宗，也有一些单色釉如耀窑黑、寿州黄等品种。唐三彩的出现使一件器物上多色斑斓，明显比单色瓷器和彩绘陶器要富丽堂皇，显得夺目、亮眼，给人突出而热烈的印象与感受。

这正是唐人追求宏丽、浪漫、堂皇、雄盛的审美情调的表现。就像唐人爱花偏爱大朵牡丹一样，就像唐人爱骏马、爱打马球、追求疾风刺激一样，就像唐代创造的歌唱、奏乐与舞蹈融为一体的雄浑张扬的"大曲"一样，就像大明宫麟德殿空间巨大到可同时容纳三千人宴乐一样，就像唐代女性追求体态丰满、明艳妩媚一样。唐三彩的出现，特别是那么多具有艺术个性的、气势内涵难以模仿的唐三彩雕塑品的出现，正是唐代社会精神中雄浑大气的物化表现，是当时那些无名工匠独具法眼、追求技艺、追求天性率真、依心塑像的综合能力反映。唐之前中国无此类绝美的雕塑，唐之后中国也再无此类精、气、神三者天然自足圆满的雕塑了。

一千多年过去，现今的人们在唐三彩的雕塑面前，感受到的不是死亡，不是悲哀，不是陪葬品的阴森绝望，反而是一种生命的趣味、生气的灌注，是人对美的把握和呈示，是某种不可言尽的自傲、自信和激动。

正如《中国明器》一书中所言："世间最美的东西是有生气的身体，不论其动作是强烈的，是柔和的，其姿态是挺立的，是伏卧的，只要有生气便都美。唐马像在美术上占了很高的地位，是同样的理由。"

生气灌注！是有生气灌注的身体，是有动作的姿态，是有神情心思的面容。艺术品的感染力是生气灌注，是内在生命的唤醒。面对艺术品时，你会有这种感受。是匠人的情感、欲望、感觉、情绪、个性等，注入器物之中，使物质的器物有了人性，有了魂灵，有了生气，有了可以和你心灵沟通的生活魅力。

当你手摸着唐三彩马的胸背时，你有了异样的感觉，视觉中那平滑的器物釉面，竟然是有起有伏的，恰如唐桥陵神道前那巨大的石狮子一样。你目看石狮的前胸、腹、后背，都是平滑的，手摸上去，却能感觉到有起伏凹凸，有肌肉的紧张，有生命的生气在脉跳弹动。这正是唐代匠人的有意为之。是匠人把生气、活性、生命、力量，把他自己的感受、他的情感、他的得意、他的趣味、他的固执，注入了这雕塑之中。

这是我们今天看唐三彩时的感受。一千三百多年前，唐代那些审视这些陵前石雕和陪葬雕塑的皇族、官吏、文人士绅，他们的眼

唐三彩黄釉马

马的身躯起伏不平

唐桥陵前的大石狮

石狮身躯起伏生动

光和才情，他们的精神灵魂，他们作为唐人特有的眼界与审美执念，也通过匠人而注入了这些器物之中。心心相通、心物相通，有了呼应，才能引起我们的心灵涌动吧。

当然，要烧出大量多类的唐三彩当作陪葬品，最主要应该还是受到视死如生观念的影响。对在另一个世界中的需求想象，往往是现实社会中的实际需求，是墓主人生前生活状态的再现。但在唐代多民族融合、多宗教共存、多元文化互动、相对开放自由的社会环境中，正是还有着对活力美、对生机勃勃天性不息的审美需求，才使得唐代的匠人们，有了这种可以发挥出来的生气活力吧！

巫鸿《礼仪中的美术》（生活·读书·新知三联书店，2005年）在《说"俑"》一文中指出："这些特定角色的选择，揭示了为墓主的来世生活而准备的一套特定的组合。但由于在不同的地区，不同性别、职业和社会阶层的人对来世的想象各有不同，人们也就创造了各种不同角色的俑以建构不同的来世景象。"

在唐代匠人心里、眼里、手里的釉陶塑像，是为亡人死后的生活而准备的。马、骆驼、仕女、花瓶、枕、粉盒等，是要能够使用的，和人世间可以使用的东西是一样的。

唐代匠人是按照有生命的意念去制作的，要做的不是死物件。于是活灵活现、栩栩如生、生气灌注便出现了；于是马、驴、骆驼是会跑、会走动的；宫中女性是有期盼、有爱怨、有矜持、有心事的。这一切，置身于唐，不难理解，千年之后的我们，也应该能想见。

蓝彩带盖方盒

方盒里外全上釉彩

七　唐三彩的质地

七　唐三彩的质地

　　唐三彩之所以被认定为陪葬明器，人们必说的依据之一就是其质地为陶土而不是制瓷用的高岭土。事实上唐三彩的胚胎质地，并不是人们说的那样简单和绝对。

1. 质地以高岭土为主

　　唐三彩的胎土质地到底是什么，是不是因为只为丧葬使用，为了降低烧成品的售价，才用到处都有且成本低廉的陶土而不用烧瓷的高岭土制坯？

　　邢景文《陕西古代科学技术》一书指出："在铜川市黄堡镇唐窑遗址出土的唐三彩，其胎质大多数为瓷土胎，瓷土经过严格挑选、排除杂质、臼捣、淘洗、沉淀、捏练和陈腐等多道工序处理。少数为普通泥胎，多半是一些房屋模型。"

　　搜狐新闻网2007年8月10日转载了《人民日报》（海外版）的文章《绚丽的洛阳唐三彩（文物与考古）》，文中指出："据窑址出土的标本分析，巩县窑三彩的特点是：除少数红陶胎为普通陶土烧成外，多数是比较纯净的白色高岭土，因烧成温度的差异，呈白色或粉红色。烧成温度较瓷器略低，在800—1000℃之间。其中三彩俑的烧成温度在900℃左右，三彩器皿的烧成温度在1000℃左右。"

　　不仅巩县窑烧唐三彩用的是和瓷器一样的高岭土，河北邢窑以及陕西铜川耀州窑等，也曾发现大量用高岭土烧成的唐三彩。当然有些地方就近没有高岭土的话，会用陶土烧制唐三彩。之所以如此，主要还是因为就地取土用料的方便。常年大批量生产，若靠从外地运输原材料，成本就太昂贵了。而主要烧造唐三彩的陕西与河南的窑场，附近都有高岭土，于是也用高岭土烧造唐三彩。

据唐三彩收藏家、陕西唐三彩艺术博物馆的齐先生说，在他的收藏品中还有一器两土的现象，一件破碎器在黏合复原中，发现胎体是两层不同质地的高岭土贴合的，一层是当地的高岭土，另一层却是外地的高岭土。据他分析，之所以如此费工，如此花高价从外地转运来高岭土，可能是匠人对用料性能的选择。或为了坚固，或为了易上彩，或为了光亮等的目的，而非得用此二合一的工艺才能成型烧制。

实际上，从现存的唐三彩观察，尽管在地底下埋藏了一千三百多年，绝大多数还是在潮湿的环境如湿泥土甚或泥水中，但出土之后，釉彩依然光亮，器物依然坚实，全器被粉化朽蚀的还是极少数。

由此可见，唐三彩的质地并非如陶器那样不堪使用。终究是加了釉层的，很多不加釉彩而上颜色的粉彩陶器上的色彩已剥落，陶体表面也粉化起皮、掉层了。唐三彩的胎体却依旧完好，少有粉化、掉层的，这和唐三彩玻璃釉层防潮防腐的优良质地，以及素胎的烧成温度较高都有关系。

2. 三彩烧造工艺上的要求和属性无关

还有大量可以看到的唐三彩是全釉的，如三彩碗、盘、碟、盒、小罐等，这类器物可能是盛放汤水、茶汤之类的，故而施全釉，使之具有和瓷器一样的防渗漏功能。

但像三彩马、三彩骆驼、三彩砚、三彩罐、三彩碟、三彩盒、三彩灯、三彩玩具、三彩枕等，则完全不需要施全釉。很多同种类、同样型的瓷器,如瓷罐、瓷碟、瓷盒、瓷灯、瓷玩具等,也不是上全釉而是施半釉露胎的,当时的制瓷工艺就是这样。匠人们既做瓷器也做唐三彩器,釉陶工艺也按当时当地的传统规矩,都一样施全釉或半釉。对他们而言,制作这两样东西可能是差不多的。

那么,为什么一些唐三彩不绝对要求像烧瓷器那样用高岭土呢?为什么唐三彩的烧成温度高于陶器而低于瓷器,即便是碗盆之类的实用器,也不像瓷器那样要烧到1200℃的高温呢?

很明显,唐代各地窑场用陶土多是就地取材。这样烧出的产品成本低,易出售,能保证收益。唐三彩的烧成温度也并不是为了节省烧火的费用,而是因为色彩釉料的烧成温度就要求在800—900℃。

唐三彩是一种低温铅釉陶器,如果没有这种加铅料的新技术的出现,也就不会出现唐三彩。一般来说,含钴、铜、铁等元素的釉料,非1000℃以上不能浸融。而在加入了铅氧化物后,只要温度达到了800℃以上,釉料就可以同时熔化而达到色彩斑斓的效果了。故而大多数唐三彩是先以1000℃左右的高温烧成胎体,称为素胎。冷却后挂釉上彩,再以800—900℃的温度焙烧,最后呈现的就是色彩斑斓的效果。

当然也有一次烧成的,不同地区、不同材料、不同匠人积累的经验不同,天南地北自然不会形成统一的工艺标准与作业流程。这是多彩釉器烧成温度的要求,与唐三彩是不是明器无关。正如陶器800℃左右即可烧成,就没人会烧到1000℃一样,也如瓷器要求1150—1200℃烧成,就没人会在900℃时就熄火烧出一窑废品,也不会用1400℃高温烧成残器一样,这纯粹是工艺的技术要求,是历代匠人经验的总结,和器物的明器属性没有什么必然关系。

但唐三彩在用料上和施釉上是有差别的,这主要和购买者出资多少有关。皇室、贵族、富豪肯花大价钱,请得起当时的名工匠用最好的材料，烧成的器物自然是美观、坚实、耐看耐久的。而那些出钱少又想用唐三彩陪葬的人，便只能买那些胎质粗松、釉彩稀薄的。所以我们会发现一些器物甚至同一件三彩上的施釉都会有差别，有的俑身前面的釉面厚实亮眼，而后背的釉彩稀薄、釉色浅淡。这在墓中出土的唐三彩上就能看到，有的极粗陋，胎土不细密，造型没有经过塑形加工，细节粗糙，釉彩不匀，烧造火候也似乎欠度，明显是成本较低的一次性使用器；有的却极为华美，亮眼夺目，且有使用痕迹，估计是亡者生前喜爱并长期使用的器物，跟随主人入土成了随葬品。

因此，唐三彩的质地是陶土或高岭土，是三彩施釉工艺技术上的要求，受各地现有资源影响，和它是不是当作明器使用，没有什么必然的关系，绝非判断的标志。

制作粗糙的唐三彩明器

三彩俑的背面釉彩稀薄

八 唐三彩的使用痕迹

八　唐三彩的使用痕迹

1. 没有使用痕迹的并非全是明器

唐三彩在唐时若是实用器，则一般会有使用时摩擦、污染或磕碰的痕迹；若非实用器而专用于陪葬，则自然不会出现生活中的使用痕迹。

这里的情况是多样的。第一种情况是专用于陪葬的唐三彩，基本上是新器下葬入土，这类器物应该没有使用痕迹。现在能看到的墓中出土的三彩器也基本没有使用痕迹。

第二种情况是新购买的日常使用器，如三彩罐、盘、盒、砚、花插、烛台等，以及一些陈设用的三彩马、狗、牛等。这些新购买的尽管也是唐人生活中的实用器，但未使用过就下葬了。当然千年之后被发掘现世时，也自然没有曾经的使用之痕。

第三种情况是这些唐三彩就是亡者生前使用过的，但作为陪葬品随同亡者一起下葬入土了。这些器物上既有入土后形成的土沁、水沁等痕迹，也会显示出未入土前的使用痕迹。

还有一种是所谓"悬坑器"，即这类唐三彩在地下是放置在耳室中或空室内的砖台上，这一空间没有进水也未被土泥掩埋，密封后隔绝空气流通而在地下保存了上千年，故出土时并无常见的各种沁痕，甚至像新器一样光亮灿烂耀眼，胎体也洁白无染。这类器物特别少，唐时也应是珍贵之物，此类器物器身上应该也看不到日常使用痕迹。西安与洛阳的唐代墓葬多处于北方黄土塬区，一般还选在

瑞兽托莲三彩熏香炉　　　　　　蓝釉绞花三彩罐

高地,少雨水且不会特别潮湿。多数唐墓深达五六米甚或在更深的黄土中,又处在高坡不聚水的干燥之地,相对来说腐蚀的影响比较小。若不是使用痕迹特别深刻明显的那些唐三彩,一般不会显露出入土前曾经使用过的痕迹来。

因此,仅仅从明器上有没有使用痕迹来判断、定性唐三彩是专用明器,而无生活实用器,是不全面也不符合历史事实的。墓葬中出土的器物上有无痕迹,只能说明随葬的这一部分三彩器是否曾经被人使用过。不能以这一小部分器物,去概括全部的唐三彩器物的功能性质。

八　唐三彩的使用痕迹　　143

有使用痕迹的三彩砚　　　　　砚上的墨渗入胎内，清洗不掉

2. 很多三彩器上留有使用痕迹

　　墓葬之外出土的唐三彩有无使用痕迹才能说明问题。可是在城坊居民生活区、皇家宫殿区、寺院宗教区、市场交易区等地方出土的唐三彩大多只是报道其出土情况，而没有对器物的使用痕迹进行科学检验的报告。

　　我们只能从一些能见到的唐三彩实物上观察判断了。好在还有一些唐三彩器物上有较为明显的曾使用过的遗留痕迹，像三彩熏香炉、三彩盘子、三彩砚台、三彩香盒、三彩碗等，均有长期在日常生活中使用的留痕，而非埋在地下被污水或泥浆浸染后的痕迹。如三彩熏炉的盖子上明显有长期燃香熏烤后的痕迹，香盒打开后也能看到长期使用过的痕迹。

唐新城公主墓的三幅唐墓壁画上，宫人手里拿的烛台、单柄鸟嘴壶、三足香炉，都是皇宫中普遍使用的器具，也是唐三彩器物中最为多见的品种。壁画上的器皿因带有色彩和花纹，故而应是今人称为唐三彩的釉陶器，而不是其他单色的陶器或瓷器。

正因为这些唐三彩是皇宫中常用的器具，当时的画师才画在了壁画上。唐代壁画上的仪仗图、狩猎图、打马球图、宫阙图、外使朝见图、仕女宴饮图等，都是描绘当时皇贵们的生活场景的。考古复原的建筑，唐代文献中的描述，唐人所绘的图画，与这些壁画上的情景也都是吻合的。因此，根据壁画，也能证明唐代人们会在日常生活中使用三彩器物。

熏炉盖上的烟渍

香盒内的使用痕迹

八　唐三彩的使用痕迹　　145

唐新城公主墓壁画

大唐西市遗址区出土的那些唐三彩小罐、小瓷猴、小动物等三彩玩具上，也能发现使用或把玩后的痕迹。有件三童子背扛莲花盆的三彩器应该是佛前供器，开片中不仅有土沁，还有经过长期使用后无法洗净的油污痕迹。这类有烟油沁的物件，明显是长久燃灯用油的宗教实用器。

一个直径5厘米、高4厘米的唐三彩塑花小粉盒，仅容一根手指入盒抠取胭脂或香粉。盒内施釉，因长期使用，布满了摩擦后的轻微划痕，而且其原本的圆孔边沿已经微损了，形成了不规则的形状。这明显是多次使用的结果，而非土沁或水沁作用下的现象。

这样有长期使用痕迹的唐三彩器皿还是较多见的。一些唐三彩多足砚上有曾长期使用的墨痕，渗入胎体，怎么洗也洗不下来。有些唐三彩莲花盘子是供盘，估计常年被油汁沁染，开片里的油沁怎么也清理不掉。还有的唐三彩香炉、熏炉，被烟气烘烤得发黑发黏，明显是多年使用才会出现的痕迹。

还有一件昂头龙抱柱唐三彩花插，遍身已被烟熏油染得难辨本色了，这应该也是佛前供器。其胎体厚重，造型庄严肃正，露白釉的开片处，显出长期油浸的黑色。

著者见过一件通体施釉的鼓钉花篮型唐三彩器，露胎处全是经久使用后的污黑渍沁，和土沁、水沁的痕迹是不一样的，收藏者用去污剂反复刷也清理不掉。这类鼓钉花篮型的三彩器应该也是一件实用器，或作陈设用，或作献敬用，和明器是明显不一样的。

还有件四层莲花拱莲蓬的供盘，以蓝彩点叶，盘子深两厘米左右。通体油污黑沁，以支钉全釉烧造，唐三彩中用支钉烧造的，一般都是细路活。因长久使用，盘内叶棱处的线形已磨损露胎，基本上也可以判断是佛前用器。

唐三彩童子盘

唐三彩盘子底部的油渍

唐三彩小粉盒

盒内使用残痕

唐三彩龙抱柱花插

总之，在墓葬之外，如宫殿、寺庙、住宅、市场、河底、井底等地方出土的三彩器物或三彩残片，基本上可以判断是唐人的生活实用器而非明器。

九 唐三彩在唐代时的名称

九　唐三彩在唐代时的名称

我们现在叫惯了的唐三彩，是民国初年发现时而形成的叫法。唐三彩也不限定于就只有三种颜色的釉陶器。按照中国硅酸盐学会主编《中国陶瓷史》中的定义："釉色呈深绿、浅绿、翠绿、蓝、黄、白、赭、褐等多种色彩，人们称为'唐三彩'，其实是一种多彩陶器。在三彩器物中，有的只具备上述几种彩色的一种颜色，人们称为单彩或一彩，带两种颜色的，人们称为二彩，带有两种以上颜色的则称为三彩。"

1. 唐代时唐人怎么称呼唐三彩

那么这种现在称名为"唐三彩"的器物，在唐代时，唐人叫它什么呢？唐时的这种器物也叫唐三彩或三彩吗？显然这是个问题，而且是个颇难求证的问题。首先我们可以从唐代官方文献中考求，但在《新唐书》《旧唐书》《大唐开元礼》《唐会要》《唐通典》《唐六典》等这些官方书籍中，查不到明确指称这种器物的称谓。

在描述唐代的史料笔记诸书中，例如《全唐文》《全唐诗》《大唐新语》《开元天宝遗事》《安禄山事迹》《隋唐嘉话·朝野佥载》《明皇杂录·东观奏记》《唐语林校证》，乃至《北梦琐言》《太平广记》《封氏闻见记》等相关文献中，也没有提及这类器物在唐时的名号叫法。

近现代以来的陶瓷史、陶瓷辞典、唐文化著述中，从哈佛燕京社出版的《中国明器》，及此后多年来关于唐三彩的或专论唐代丧葬礼仪的专著和文章里，也都是称其为唐三彩或釉陶器，未见有讨论它在唐时名称叫法的。

国外汉学家也曾对唐代陪葬器有过论述。例如日本的大村西崖在《中国美术史》一书中就曾说道："自盛唐至中晚唐，其风益甚，异明器而行街衢，陈墓所，奏歌音乐，张帷幕，设盘床，以造花、人形、饮食施路人，殆如祭祀。"说了不少方面，但对三彩器在唐时的名称叫法仍然没有考证，似乎这不是个问题。

只是有个别经常在电视鉴宝节目中给人进行鉴定器物的专家说，唐三彩过去是叫琉璃，而不是叫唐三彩。那么在唐代时，人们也将这类东西叫琉璃吗？这是唐人对唐三彩的叫法吗？这种说法似乎也缺少依据。

唐代的李亢在《独异志》中描述了长安商人张元宝从淄州向长安贩琉璃而成为首富的故事，但这种琉璃并不是指唐三彩。唐懿宗时进士王棨曾奉旨写过《琉璃窗赋》，开篇是"彼窗牖之丽者，有琉璃之制焉"，可见唐代有琉璃器，也有琉璃名，唐人是有琉璃这一说法的。但唐代琉璃器多指类似玻璃制的琉璃球、琉璃小瓶、琉璃小盘、琉璃小杯之类的物器，西域进口的为多。琉璃球、小瓶等琉璃器多是透明或半透明的，和完全不透明的釉陶三彩器是容易区别的。琉璃大器也有，如宫廷建筑上使用的上了一层釉的琉璃兽头、脊饰、屋顶之瓦等。唐代大明宫遗址考古发掘就出土了琉璃瓦，多见绿色、蓝色，这是因瓦上有釉而叫琉璃瓦。可见，唐时说琉璃是有专指的，并非指称我们现在所说的釉陶三彩器。

如果唐三彩在唐时就叫琉璃，那唐代在关于丧葬明器的诸多律条中必然会有所提及，但查遍文献压根没有见到琉璃这两个字，可见这不是唐人的说法。

九 唐三彩在唐代时的名称　153

唐代琉璃所指不是唐三彩还有一个明确无误的证据。陕西扶风法门寺地宫出土的物帐碑上，刻记有琉璃盘、琉璃茶盏，和地宫出土的琉璃盘、琉璃茶盏器的实物一一相对应。实物明显是透明的玻璃器，而不是不透明的三彩釉陶。

2. 官方文书中如何指称唐三彩

在唐墓的陪葬明器中出土有三彩的镇墓兽、天王力士俑、文武官俑、仕女俑、马、骆驼等唐三彩器。唐时在官方文书中是怎样指称这些器物呢？

唐代关于丧葬的记录并不少。在《全唐文》中可查到由皇帝颁布的诏书就有多次，如：唐太宗贞观十七年（643）三月的《薄葬诏》；唐高宗龙朔二年（662）三月的《禁止临丧嫁娶及上墓欢乐诏》；武则天临圣（695）三月的《禁丧葬逾礼制》；唐玄宗开元二年（744）八月的《禁厚葬制》；唐开元二十九年（741）正月的《禁殡葬违法诏》；以及天宝年间（742—756）的《禁丧葬违礼及士人干利诏》。

另外，《大唐开元礼》载："所造明器，只准用素瓦，高度不得超过七寸，共三昇。"

太极元年（712）六月，右司郎中唐绍上疏："偶人像马，雕饰如生，徒以炫耀路人。"

开元二十九年正月十五日敕："三品以上明器，先是九十事，请减至七十事；五品以上，先是七十事，请减至四十事；九品以上，先是四十事，请减至二十事；庶人先无文，请限十五事。皆以素瓦为之，不得用木及金、银、铜、锡。"

《大唐六典》卷二三"甄官署"条记载："甄官令掌供琢石、陶土之事;丞为之贰。……当圹、当野、祖明、地轴、鞾马、偶人……所有,以瓦、木为之,其长率七寸。"

唐宪宗元和六年(811)十二月条流文武官及庶人丧葬:"以前明器,并用瓦木为之,四神不得过一尺,余人物等不得过七寸,并不得用金银雕镂、帖毛发装饰。"

美籍华人收藏家收藏的唐三彩高达1.1米

唐三彩生气威猛

唐代时葬埋的那些陪葬品，包括陶、瓷、三彩的人物走驼鞍马偶像等，在文献中并没有具体的细分并说明每一种分别是叫什么。

综合以上各种说法，我们可以笼统地猜测唐三彩在唐代时的名称可能是以下多种中的一种或几种，如：素瓦，瓦器，青瓦，瓦木，瓦瓷，陶土，砖瓦，甄缶，花釉，花瓷，等等。

当然这仅是通过文字进行探讨的，当时生活中更多的内容是没有记载的。近年来口述史的兴起，便是为了弥补历史文献缺乏细节这一缺憾。截止到目前，所见唐代文献中也根本就没有看到有"唐三彩"或把三彩叫"琉璃"这样的说法。

3. 为何不见有关唐三彩名称和匠人的记载

唐代文献中所谓素瓦、瓦器、瓦瓷、青瓦、瓦木、陶土、砖瓦、甄缶、花瓷等，这些名称是根据葬器的质地而言的。

就墓葬中的陪葬器而言，至少包括四类器物。第一类是不带釉彩、以陶土本色烧成的陶器，如陶罐、陶盆、陶碗、陶俑、陶马、陶禽、塔式陶瓶等。第二类是陶胎烧成后上了色彩的陶罐、陶人、陶马之类，我们今天称之为粉彩陶器，或彩绘陶器。第三类是带单色白釉、黑釉或青釉类的瓷器。第四类则是用高岭土或陶土为胎，上了含铅料的彩色釉以低温烧成的釉陶器，即我们今天所指的唐三彩器。

在唐代时这四种的器物还是明显有区别的，购买者或制售者不可能像官方文书中那样，统称为素瓦、瓦器、瓦瓷。无论官方和民间，总应该有当时社会上约定俗成的叫法，以区别这四类器物。

唐初新流行起来的介乎于陶与瓷之间的上釉的三彩器，能没有自己的名称吗？依常识推想，唐人对这类釉陶器必有自己的叫法。

不然怎么在制作、运输、出售或移动时，指称这类和瓷器、陶器、彩绘器都不一样的器物呢？这是一种社会上普遍出现、使用的器物，按常理来说是应该有称谓的。但我们今天还没有找到这类的文献记载，也就是说我们很重视并认为具有多重价值、当作艺术品欣赏的唐三彩，我们还不知道它在唐代流行时到底叫什么。

在中国的历史文献中，一个妃子和皇帝的子女名号都会记录进官刊历史书中，而大名鼎鼎的唐三彩，竟然没有名字。可见在唐代时，具有话语权的那些执政者或者官吏书写者心目中，这属微末小技不必在意重视。那些帝王权贵、名流高士已少有人感兴趣了，但没留下名号的唐三彩，却令人关注、喜爱，甚至成为全人类艺术宝库中的高贵珍品。

中国历朝历代都不乏雕塑品，从商周前开始一直到清末。几千多年间有哪个朝代的雕塑品，获得了唐三彩这样的世界性的声誉？秦代兵马俑军阵，是以大体量大场景令人叹为观止的，但世界上的各大博物馆中，摆放的中国雕塑中，最惹人注目的还是唐三彩骏马、唐三彩天王力士俑、唐三彩仕女俑等单体雕塑，这些艺术品在世界艺术雕塑品中仍然独具令人过目难忘的魅力和特色。也只有在可称为辉煌的唐代，在富有艺术创造力的唐匠手中，才产生了这样的艺术品。

创作、制作了唐三彩艺术品的工匠们基本没有留下姓名。实际上在唐代生产创作这些手工艺品的多是以家庭为单位的匠户，代代相传，如石匠户、木匠户、铁匠户、乐户、画匠户、陶瓷匠户等。他们在唐代的社会地位很低，属于"贱户"这一最低贱、最被人看不起的阶层。

即使会歌唱、会跳舞、会画画、会雕塑、会一门手艺，甚至是行内的名人、顶尖高手，但仍然是贱户的身份。在唐代，若是贱户，衣着则不能穿官员和良人的颜色如紫或红，不能乘骑骏马，不能身上配金戴玉，不能参加科举成为官吏，不能跨越阶层与当时的良民或官吏的家人结婚。就连著名的画家阎立本，虽然贵为朝中高官，却因为画得出色有画作圣手之名而自感羞愧，常感叹他在绘画方面的声誉高过了官声，辱没了祖宗家族的名声。

在皇权至高无上、社会等级森严的唐代，没有留下任何关于唐三彩工匠的姓名资料，连唐三彩在当时的名称也未见于记录，是可以理解的。

4.唐三彩的分期研究

对于唐三彩的分期，至今学界没有一个统一的说法。

考古学界、历史学界对唐三彩的分期尽管有多种说法，但都是以出土实物为证的，还是很有参考价值的。

2004年日本学者森达也在《唐三彩的展开》中将唐三彩分为五期。一期：650—680年，唐高宗时期，仅见开始有唐三彩器出现；二期：680—700年，武则天掌权和称帝之初，唐三彩器继续使用，唐三彩俑开始出现；三期：700—720年，武周、唐中宗、唐睿宗时期，唐三彩俑和唐三彩器均较多；四期：720—730年，唐玄宗前期，大型唐墓中三彩俑不再见到，一般唐墓中三彩器和俑较多；五期：730年—唐末，唐玄宗后期到唐末，有唐三彩器和唐三彩小模型类明器。

日本学者出川哲朗在《河南省出土的唐三彩》一文中是这样分期的：一期：650—675年，以672年偃师杨堂墓和676年郑州丁彻墓为例；二期：675—690年，以687年恭陵哀皇后墓出土物为例，彩绘陶和三彩器组合出现；三期：690—700年，以691年屈突季札墓和694年李守一墓的出土物为例；四期：700—720年，以703年张思忠墓为例，陕西的这一时期的唐墓出土唐三彩较多，并有独特的表现手法；五期：720—750年，以727年安元寿夫妇墓和748年西安吴守忠墓为例。

中国的多位学者也有自己的几种分期说法。

李知宴《中国釉陶艺术》（轻工业出版社、两木出版社，1989年）一书中将唐三彩按照"初唐—盛唐—中晚唐"分为三期。

王小蒙《两京地区唐三彩的发展及工艺特征》（《收藏》，2018年第12期）一文中将两京地区的唐三彩分为五期。一期：650—680年，唐高宗时期，唐三彩器开始出现；二期：680—690年，武则天临朝，三彩俑出现；三期：690—712年，武周、唐中宗、唐睿宗时期，唐三彩走向繁盛；四期：712—742年，唐玄宗开元年间，唐三彩器数量开始减少；五期：742年—唐末，唐墓中较少见唐三彩。

以上这些分期是根据纪年墓中的出土器来形成结论的，当然有一定的可靠性。但依据的墓葬数量终究有限，故而只能说有一定的可靠性。

对于以"眼学"进行唐三彩鉴别和断代的人来说，依据这些分期去判断唐三彩器物的年代，所能起到的作用大小就因人而异了。因为这是从器物类型上加以区别，并没有从器物的形体、釉色、开片等具体的物化特征上去比对差别。

古物收藏界的专家们，多是以"眼学"对唐三彩进行鉴别和断代的。各类鉴宝的视频上，专家们往往只说东西对不对，是真是假，几乎是不进行代期判断的，极少有人说这东西是唐代哪个时期的。因为他们不知道唐三彩该怎么分期，没有把握对唐三彩进行代期判断。

有个别学者专家在对唐三彩鉴别真伪时，也会说这是初唐或盛唐时期的东西，但为什么这样区分，却说不出什么道理来。比如有的鉴定专家说初唐的三彩马不戴鞍子，盛唐的三彩马多戴马鞍，但这一判断的依据是什么，对多少出土实物进行了统计与比对，这结论是从何而来的，显然依据不充分。

还有的鉴定专家说初唐和晚唐的三彩器彩釉层薄，盛唐的三彩釉层厚，釉彩艳丽。这一判断的依据从何而来也不可知，因此结论的可靠性也不大。还有的专家说初唐的三彩器小件多，盛唐的三彩俑和马、骆驼都体型大。类似的说法多是含混的，不确定的，是一种想当然的推理，并没有对各时期出土物进行类型比对或数量统计，没有找出不同时期的造型特征与工艺差别，因而用这些特征作为断代标准是不太可靠的。

唐三彩分期方面的研究还需要很多工作。像汝瓷、官窑瓷、耀州瓷、定窑瓷等的研究已经比较细化了，不同时期的器型、胎料变化、釉色特点等，都有依实物为据的判断标准。

实际上，有唐一代近三百年，前后至少有十代以上的匠人在烧制唐三彩。多地用的胎土、釉料、燃料也是不一样的，一代又一代的匠人的工艺手法也会多多少少有些变化。

唐代是活力张扬的时代。唐时的服饰、发型、歌舞、绘画、塑像、家具、用器等都在随时间变化，甚至几十年后就换了一种新的样态，唐三彩自然也不会在三百年间一成不变。出土的唐三彩也确实显示出了不同时期、不同地区的明显的差异性和多样化的区别。但唐三彩的分期依然没有一个可靠说法。

之所以说唐三彩初、中期以明器为主，后期才多为日用器的说法是证据不足的，其一，因为唐三彩至今没有准确可信的分期标准。国内考古出土的几千件唐三彩有出土年代，但国内外还有大量的唐三彩没有确切的年代信息，而难以区分是初期、中期还是晚期的产品。其二，依据耀州窑考古发掘所了解到的唐代窑口的使用情况，以及大量的成品、窑具、残片等，考古报告已明确得出耀州窑在唐代早、中、晚期都在烧造三彩枕、碗、瓶等日常用器，同时也烧制宗教用器、建筑用器、药用器等产品的结论。因而，只有到唐代后期才开始烧制唐三彩日用品的说法，是和考古结果不相符合的。其三，1992年10月到1993年5月，中国社会科学院考古研究所在洛阳白居易故居发掘出百余件唐三彩日常用器。白居易是中唐人，这显然不是唐后期才烧出的产品。

因此，在没有更多的考古实证的情况下，我们还不能轻易得出"直至唐后期才开始烧制三彩日用器"的结论。唐三彩的分期仍是一个需要继续探讨的问题。

十 唐三彩在唐代时的价格

十　唐三彩在唐代时的价格　　163

1. 唐代时三彩器的销售价格

唐三彩在唐代时的销售价格，同样是个没有定论的问题。在网络上曾有人提出此问，一位资深唐史专家说唐三彩在当时很便宜，因为是丧葬用品，不会像陶瓷实用器那样高的价格出售。但他没有举出相关的史料或依据，很明显是不太可靠的，更多的是想当然。

查阅多种史料后可以发现，唐三彩在唐时的价格没有可以参考的依据，比如一件高九寸的仕女俑，在唐代时的价格是多少，等于几斤谷麦或几尺麻布等，这样的换算至少可以使我们对其价格有一个基本的概念。但唐三彩在唐代时的价格比陶器贵，起码与瓷器等价，更有可能甚至比当时的瓷器都要贵，却是有事实可以为证的。

我们通过前文所列举的唐墓陪葬物可以知道，唐三彩基本上或绝大多数都出自皇室贵族或有品级的官员之墓。上有所好下必甚焉，唐时连宫中的妆发、服饰往往都被百姓追随效仿，那么皇贵们喜爱用三彩明器的风尚，自然也会影响当时的官员和百姓了。但在官员墓和平民墓中基本没有见到几件唐三彩，在盛唐厚葬的社会氛围中，若非因为价格昂贵大多数人无力购买，应该是不会出现墓葬中多见陶器或瓷器，而少有唐三彩这种现象的。

说唐三彩在唐代时价格比陶器要贵，起码等同于或高于瓷器的价格，是因为制作唐三彩的成本比陶器要高很多，甚至比一般常用的瓷器的成本还要高。

很多唐三彩用的就是和瓷器一样的高岭土，但唐三彩一般要先素烧一次以求坚固，上完彩釉后再复烧一次，制作工艺复杂，费料费工，成本自然也就更高。据有些研究专家说，几乎找不到两件一模一样的唐三彩。陈逸民、陈莺《中国唐三彩收藏与鉴赏》（上海大学出版社，2007年）中写道："即使采用模范制造唐三彩的马，迄今为止还没有发现相同的唐三彩马，绝有可能，一个模子仅仅制作一匹马，用后就毁掉。"若是这样，唐三彩器物的价格肯定不会便宜，不过这种推论是否就是唐时的做法如今也难以考证了。但唐三彩器物的优美造型与堂奥色彩，显然是出自高手，匠人的工钱也会比较高。所以，说唐三彩器物比一些普通瓷器的价格要高，是合乎情理与逻辑的。

如果唐三彩器物比相同的陶器或瓷器价格低的话，那在选择陪葬品时，为何人们不用便宜又漂亮的三彩器呢？在唐代厚葬风习下，不可能出现这样的现象。

2. 一些唐三彩要用进口釉料

唐三彩有时要用进口釉料，如三彩上的蓝色釉就要用波斯出产的钴料。还有学者说黑色釉料也要进口。这可能也是蓝釉器与黑釉器拍卖价较高的原因吧。

釉料从遥远的波斯经过一道道关卡运输到长安或洛阳，其价格必然高昂，所以很多专家说唐时带蓝釉的唐三彩是一器顶十器，极为珍贵。有资料显示当时在西域和岭南也出产釉色配料，其运输费用也很昂贵。三彩发色的多样性，或与原料的不同也有关系。

带蓝釉的唐三彩有灯、壶、瓶、罐、盘、砚、枕、俑等。因蓝釉的昂贵，故而很多唐三彩上仅用蓝釉点彩，比如用蓝釉点一下动

十　唐三彩在唐代时的价格　　165

稀有的蓝釉骆驼

唐三彩八猪拱乳

唐三彩蓝釉卧狗

物的眼睛，以表示此物贵重。

唐人舍得用这样贵重的材料烧造三彩器，可见当时有钱人的富裕与奢侈。

唐时是否还有其他釉料需要进口，还有待更多的研究，但唐时从西域或东南亚进口的商品是非常丰富的，不仅有金玉类器皿，有各种香料、药品，还有出自多地的炼丹用的密陀僧、黄丹，产自西域的佛青（或称回青）、白矾、金液等。

烧制陶器、瓷器都不需要使用极其昂贵的进口材料，唯独烧造带彩的三彩器需要，其成本如此昂贵，制作又费时费工，因此三彩的价格至少等同于瓷器，或贵于当时的瓷器。

同时，唐三彩器物很多是要塑形的，像烧制佛像、菩萨、天王俑、力士俑、文武官俑、仕女俑、骏马、骆驼、鹰嘴壶、贴花薰香炉等，没有雕塑技艺的匠人是根本无法完成的。因此，可以推断当时能够制作唐三彩的匠人，绝非普通工匠或者学徒，而是那些陶瓷匠人中的技艺高超者，或有雕塑手艺的熟练工匠，他们的工价自然也要高于一般匠人。而且，因用料昂贵，为减少残次品，窑主自然也会精心挑选各环节中的工匠，甚至出高价雇佣老师傅。制作唐三彩的环节如此之多，成本如此之高，其成品的市场价格比较高才是合乎情理的。

十一 唐三彩的生产与流通

十一　唐三彩的生产与流通

1. 唐三彩是否有官窑与民窑之分

关于唐三彩在唐代的生产，网上有文章称唐时有官窑和民窑两类窑场烧制唐三彩。这大概是以明清景德镇有御窑和民窑的瓷窑模式去推想了。因为作者在通篇文章中，并没有举出证据说明唐代的三彩烧制模式有哪些，只是说烧得好的、釉彩厚的是官窑产品，一般的都是民窑的产品。

从现有的资料分析，唐代时除在长安、洛阳两地有三彩窑外，在陕西、山西、河南、河北、四川、江苏、安徽、甘肃等多地都有烧造唐三彩的窑场。这么多烧窑作坊都在烧制唐三彩，绝非官窑的格局。应该说是民间依据当地资源、工匠技术以及市场需求而自然形成的民间烧造作坊。

如果要说有官窑和民窑两类窑场烧制唐三彩的话，最有可能的是在长安、洛阳两地的三彩窑场中存在官窑，但在考古发掘中没有发现任何御用官窑的证据。

唐代时河北内丘的邢窑，既烧制百姓使用的粗糙白瓷如碗盘等，也烧制供皇宫和贵族使用的精细瓷器，但邢窑并不是御办官窑。唐代烧造唐三彩的窑场应该也是这样的，根据市场需求烧造产品，大概是什么卖得好就烧什么，有什么订货就烧什么。

民间窑场烧造唐三彩，自然会按照市场贸易法则进行生产，很可能是根据器物的用途，以及买家给的价钱来进行制作生产的。若是供皇室、贵族、富商或寺庙道观用的，以及报酬高的，自然在用料、制坯、上彩、塑形、烧制等方面都会高一个档次。

而对于一般社会产品或一次性使用的器物，为了降低成本，自然会质量差一些，以取得售卖价格上的优势。同样为了节省成本，同一窑里会既烧唐三彩也烧别的陶瓷器。西安西郊老机场唐三彩窑址考古发掘时，就在无釉陶器上发现了不小心滴上的三彩釉料。

《大唐六典》中"甄官署"条记"凡丧葬，则供其明器之属。别敕葬者供，余并私备"，说明会为皇室成员和功勋大臣提供明器，但并不代表是由官窑生产。这种生产皇室贵族需要的三彩器的窑场，依然是有民间性质的，只不过接受甄官署的督烧和管理，按皇室的高规格要求，认真制作罢了。

现在各大博物馆中陈列的那些精美传神的唐三彩仕女俑、天王力士俑、骏马俑、骆驼俑、伎乐俑等，大概都是这样生产出来的。这些在当时也都是贵重的商品，时至今日自然仍具有极高的价值。

2. 唐三彩的流通模式

大量出土的唐三彩并没有官窑或民窑产品区分的标志，多地生产唐三彩的唐窑遗址出土物中，也是有宗教器、日用器、陈设器、明器等各样类的残件或碎片。因此说唐三彩的窑场有官窑和民窑的区别，是没有出土实物支持的。

西安周边的唐墓以及法门寺地宫等地出土的唐三彩器物中，有长安城郊作坊生产的，有耀州窑生产的，有巩县窑生产的，还有邢窑、邛崃窑生产的三彩器。

还有一些唐三彩，如乾陵近旁的皇子墓和公主墓中的唐三彩，胎釉、器形都与已知的窑口不同，还不清楚究竟是何地的产品。不同胎釉、不同工艺的三彩器在同一地区同时出现，这说明了唐时的三彩器和瓷器一样，是全国各地流通销售的，行商们会长途转运售卖，以赚取地区差价。

另外，在运河遗址中，在打捞沉船时，如引人注目的海洋沉船"黑石号"上，都发现有唐三彩，这也说明唐三彩是可以在大范围内流通的商品，并没有像盐业、铜矿那样被官方垄断控制。明清时期的官窑对御烧产品管控得很严格，连残次品都宁愿打碎埋掉，也不能随便流入社会销售。但唐三彩显然不是这样的，它是社会普用的可以到处流动销售的商品。

日本学者石田干之助《长安之春》（张鹏译，三秦出版社，2013年）一书中说："另一个被认为是中国文化进入西方的实例是陶瓷，唐中叶前后中国的陶器，虽然还不能视为瓷器，但也已经发展到非常精巧的程度，其代表就是所谓唐三彩……这些主要是从海陆由中国南岸出发，直接由中国船或印度、波斯、阿拉伯的船只相继航行，经过波斯湾到波斯，一部分甚至到过埃及。在当时不用说都是上流贵族社会玩赏的东西，后来当地也生产仿制品或者吸取艺术手法的产品。"

3.唐三彩工艺技术曾广为传播

唐三彩的工艺技术也不是保密的。唐三彩曾向朝鲜、日本、中亚等多地传播，此后出现了新罗三彩、奈良三彩、波斯三彩等品种。日本正仓院保存有从大唐传来的烧制唐三彩的用料配方。高丽国的三彩器，则直接由唐朝的匠人传授技艺，并亲自动手带徒烧制。由此可见唐三彩的生产工艺技术，也是面向社会的，并非是由皇家官僚独掌独用。因此唐三彩有官窑之说，在没有新的证据支持之前，我们宁可信其无，而不能随意地以想象去代替有唐一代的历史事实。

陕西省考古研究院的专家张建林对考古出土的唐三彩进行了成分化验，发现乾陵的皇子墓和公主墓中出土的唐三彩既非耀州窑生产，也非西安老机场窑烧制，和巩县窑的产品也无类似。这说明在陕西或其他地方，还有唐代烧造三彩的窑址没有发现。

2004年第8期《收藏界》有张国柱的文章，说在西安东郊又发现了唐代烧造唐三彩的窑址。如果确实是唐代烧造三彩的窑址，这说明仅陕西就已发现有四处烧唐三彩的窑址了。

这些信息提醒我们，现已发现的三彩窑场只是唐时的一部分窑口。考古发现晚唐时定窑也烧制唐三彩，寿州窑遗址出土过绞胎釉残片，那里也可能有三彩窑场。更多的各地三彩窑场的信息我们还不知道，不可轻易地下定论。

在对唐三彩的生产和流通运输情况知之甚少的情况下，我们往往会低估唐时的生产规模和交易规模，也很难想象唐代时到底有多少窑场在烧制三彩器具。

十二　唐三彩是不是官署配给

十二　唐三彩是不是官署配给

手机网络的方便快捷，使越来越多的人不阅读纸本书籍，特别是古代的文史典籍了。大家迷恋手机网络，网络成了信息或知识的主要来源。因而网上一些文章发布后，影响了很多受众，特别是一些年轻人。例如网上说唐三彩全是死人丧葬用器，家中不宜摆放，免得沾染晦气；说专家讲唐三彩在唐代价格低廉；说唐三彩过去叫琉璃；说唐三彩有官窑、民窑之分；说唐三彩在唐时是由皇朝官衙配给的，按照官员官阶的高低配给多少件偶马人像等。诸如此类的说法一经上网，被许多人尤其是年轻人点击阅读，信以为真。以讹传讹，互传互引，尤其是经过电视、书刊再去传播给他人，则会影响更为广泛。人们都感觉中华文明中很多宝贵的传统无以为继，如仁、义、礼、智、信、孝等方面。我们的文化沙漠可能就是这样以讹传讹一点一点形成的，我们的文化传统也可能就这样因不重视求真考据、不重视师授传承而一点一点变异、消亡。如果没有传统的礼仪、没有自古传今的文字、书法、中医、武术、建筑、陶瓷、音乐等物质遗产和非物质文化遗产，所谓五千年文明没有中断的说法也就成了空话。

1. 除特敕外品级官只发经费不发明器

网上有文章称，唐代唐三彩之类的明器，是由官署按官员品级进行配给的，其依据就是开元二十九年正月十五日的敕文，那段文字被到处引用却不求甚解，很多人看了便信以为真。

唐代唐三彩之类的明器，真的是由官署发放配给的吗？若细读唐代这方面的文献，便很容易发现实际情况并非如此。很多文章专著中引用的这段唐文，实际上是为抑制奢侈厚葬而作的规定，是限制官员等人对明器求多、求大的行为，并不能证明明器就是制度性配给的。

前文所引《大唐六典》中就有"别敕葬者供，余并私备"之语，明显是说皇帝特下敕令的有特别身份的亡者，才由官家供给所用明器，无恩赐的绝大多数的官员，还是要自己的家属准备丧葬用器的。

其下文中又有"如有违犯，先罪供造行人贾售之罪"之语。很清楚，当时是有"行人"，即从事丧葬行业的商人。"贾售"，即公开售卖、供应唐三彩之类明器的行为。

长安的东市、西市，也都有店铺专门售卖包括唐三彩之类的明器，唐代历史文献中就有"凶肆"的说法。可见唐三彩并不是官家独用专营之物，它不像秘色瓷那样少见神秘，也不像之后明清时那样有官窑生产官家用器，不得出售给百姓。

唐代杜佑所著《通典》卷八十六《礼四十六 沿革四十六 凶礼八》"赙赗"条记："大唐制，诸职事官薨卒，文武一品，赗物二百段，粟二百石；二品物一百五十段，粟一百五十石；三品物百段，粟百石；正四品物七十段，粟七十石；从四品物六十段，粟六十石；正五品物五十段，粟五十石；从五品物四十段，粟四十石……从九品物十段。行者守从高。王及二王后若散官及以理去官三品以上，全给；五品以上，给半。若身没王事，并依职事品给。其别敕赐者，不在折限。诸赗物应两合给者，从多给。诸赗物及粟，皆出所在仓库。服终则不给。"

所谓"赙赗"，就是赠送钱财等给家属以办理丧者的后事，这个习俗至今犹存，诸如现在国家单位的职员亡故后单位会给家属一定的丧葬费，再给几个月的工资。唐代对皇室宗亲是有特殊待遇的，不仅给的费用高，连丧葬时的仪仗、办事人员的多少、埋葬土地的大小等都要高于百官和大众。

李斌成等《隋唐五代社会生活史》（中国社会科学出版社，1998年）中统计了唐代给官员赙物的数量（表2）。

表2　唐朝廷给予部分贵族官僚赙赠表
（此表引自《隋唐五代社会生活史》）

姓名	官爵	死亡时间	赙赠	出处
温彦博	尚书右仆射	贞观十一年	"前后赙赠二千段，丧事所须，并令官给"，"赐以秘器及茔地一区"。	《唐代墓志汇编》第42页
张士贵	镇军大将军	显庆二年	"赙绢布七百段，米粟七百石。"	《考古》1978年第3期《陕西醴泉唐张士贵墓》
尉迟敬德	鄂国公	显庆三年	"赠绢一千五百段，米粟一千五百石。"	《唐代墓志汇编》第292页
郑仁泰	凉州刺史	龙朔三年	"丧事所资，随由官给。"	《唐代墓志汇编》第407页
娄敬	游击将军	乾封二年	赠"帛四十段，粟四十石，夫二十人"。	《唐代墓志汇编》第477页
孙处约	司成	咸亨二年	"敕赐绢布等一百段，粟六十石，还□□造□□仍给□粮。"	《考古与文物》1983年第1期
阿史那忠	右骁卫大将军	上元二年	"赙绢布一百段，米粟七百石，赐东园秘器，凶事葬事，并宜官给，物从优厚。"	《考古》1977年第2期《唐阿史那忠墓发掘报告》

续表

姓名	官爵	死亡时间	赙赠	出处
泉男生	右卫大将军	仪凤四年	"赠绢布七百段，米粟七百石，凶事葬事所须，并宜官给，务从优厚。"	《唐代墓志汇编》第668页
李孟姜	临川郡长公主	永淳元年	"凶丧葬事，并令官给，赐绢布五百段，米粟副焉"，"将葬之日，又遣内给使斋衣裳一副"。	《唐代墓志汇编》第704页
成忠	飞骑尉	垂拱四年	"敕赠娟五匹、布五端。"	《千唐志斋藏志》366
韦洞	韦后之弟	如意元年	"赙物□千段，米粟五百石，衣等九袭。"	《文物》1959年第8期
逯贞	夏官郎中	万岁登封元年	"有制赠物册（四十）段，官给灵举。"	《唐代墓志汇编》第914页

2. 唐墓出土物也证实非统一配给

不仅是历史文献记载得如此明确，考古发掘的唐墓出土物也证实了这一点。前文中的唐墓出土物表显示，第一，很多王、公、将军、州刺史等三品、四品以上的官员墓葬中，只出土有陶俑、陶镇墓兽等陶器，并没有一件唐三彩，有的官员墓葬中甚至连陶俑也没有，只有其他的陪葬品，如墓志、壁画、钱币、玉器等。可见当时并非所有官员都是按标准件数配发明器的。

第二，若是完全由官方配给，则应该有一个数量或品类的分配标准，但唐墓中出土的陪葬品种类很多，即便是陶俑或三彩俑之类

十二 唐三彩是不是官署配给　179

晚唐时的佛涅槃三彩

的器物，也没有一个统一的品类和数量，这显示出多样性和一定程度的自主选择性。因此，认为唐代官员的随葬明器都由官府配给是没有出土文物实证，也没有文献依据的。

由于唐三彩收藏者缺乏对唐代社会生活和礼制律条等的了解，所以出现了种种以今人意识去判定唐人唐物的误解，如说唐三彩含铅有毒，唐人日常绝不会使用，只能当陪葬品等，这也是把唐三彩定性为专用明器的一条主要理由。

实际上，直至民国时期，还流行用铅壶、铅盒装酒和贮存茶叶等食品。知道器物含铅有毒而防范，已是科学兴起之后的事情了，以今人的认知去想象、解释唐代，无疑会对历史造成一些误解。

十三 如何判断唐三彩中的明器和日常器

十三　如何判断唐三彩中的明器和日常器

现在能见到的唐三彩不少都出自唐墓中，但也有许多非墓中出土的唐三彩被人收藏。即便是出自唐墓中的三彩器，也未必全是专为亡人烧制的明器，其中有一些应是亡者生前的实用器或喜爱的物品，在其去世后入土随葬了。所以文人的墓中多有砚台、笔洗之类的文房用器，武官的墓中多有刀剑之类的武器陪葬，男女墓中的陪葬品也有差异。

那么，怎样判别唐三彩中的明器和其他用途的常用器呢？这确实有点困难，因为唐三彩中的明器和实用器，有的较易分辨，有的却是既可当实用器又可当陪葬品的，很难凭器物本身的特点下结论。

但现今存世的唐三彩中，相当多的器物还是可以作出判断的，至少我们可以从以下几个方面去进行归纳、分类。

1. 唐三彩的种类和特征

（1）唐三彩中的明器一般具有明显的特殊造型，如镇墓兽、十二生肖俑、天王俑、力士俑、武士俑等。

明器中仪仗类的多以供墓主乘坐的牛车为主，或配置骑马乐俑、文武骑俑、牵马俑、骑驼俑等，有的还有甲兵俑。

明器中侍役类的有歌舞俑、伎乐俑、侍俑等。

唐代三彩明器中还有庖厨器具模型及动物俑等，一般都是成组成套出现，作为给亡人在另一个世界享用的器物。

日本博物馆藏牛车

陕西历史博物馆藏牛车

（2）骏马、骆驼、骡、驴、牛、狗、猪、羊等三彩俑，有的是明器，有的则是陈设器或玩具，并不一定都是明器。这要根据器物本身的制作工艺是否精细，器物的大小以及有无使用痕迹等特征进行判断。

（3）唐三彩种类繁多，说唐代时陶器、瓷器已有的品种都有相应的三彩器也并不为过，甚至有一些唐三彩器的型样，如三彩山水盆景、三彩绣球、三彩花瓶等，没有在瓷器中见到，大概是因为当时的青瓷、白瓷颜色单一，不适合烧制这类要求有多种色彩的物件。这类物器基本是在长安地区出土，洛阳和其他地区少见三彩山水盆景、三彩房屋院落模型。

但一般而论，除了皇室贵胄等的等级墓葬中的三彩器，普通墓葬中的三彩明器的胎、釉都是比较粗糙的，釉彩也较稀薄，胎多发糠，含杂污也较多，且制作较粗率，不是那么精细。

这些明器显示出是为一次性使用而烧制的，基本没有使用痕迹，和日常用器还是容易区分的。

（4）唐三彩中的日用器或宗教用器，则明显比明器做工精细。不仅胎质紧密，而且如碗、碟、盆、杯等还多和瓷器一样里外全上了釉彩。有的和瓷器的工艺做法一样，仅是碗、杯的底足处露出白胎。因烧制时的温度较高，胎质多显晶化或瓷化状态。另外，这类用器因胎质密实，上的釉层较厚实，故而虽经上千年的岁月，上手后仍感觉有一定的分量，不像明器中的那些同类物器发飘发轻。这类器物也可盛饭菜茶酒，不会像陶器那样渗漏，完全能够满足实用功能。

（5）唐三彩中的日用器、宗教用器，如陈设器、文房器、玩具等，多多少少都有当时使用时留下的痕迹，或为油污、墨迹，或为擦拭痕迹，而这些留痕是清洗不掉的。岁月年久，这些使用痕迹已渗入胎骨，并非像做旧的污垢那样用热水即可刷掉浮色。

特别是一些唐三彩宗教用器，如供盘、供碗、灯具、花插之类，开片缝隙间沁透了油污尘垢，是很难清理干净的。若用竹签清理时，垢层往往会成片状或小碎渣块状脱落，多不会呈现粉末状。陈年老垢因渗入胎里，在擦掉后还会反复出现。作假的土锈一经处理掉，就不会再次出现了。

（6）还有像释迦如来佛像和菩萨圣像，敬供器类的盘子，嬉戏童子、捧寿桃童子、双豹撕咬类小摆件，婚仪用雁，脂粉盒，鸟形水注，秘戏雕塑等，应该都是唐人为不同用途而烧制的日用器。

这些器物有的虽出自墓中，但应该是亡者生前喜爱的实用物，待人亡故后作为随葬品随主人埋葬的。

唐三彩底部的使用痕迹

也有些并非出自墓中，如近年洛阳白居易故宅遗址中出土了一百多件三彩器。考古专家判断这批唐三彩多为日常用器或玩具，而非明器。

但这百多件唐三彩器，若不是近些年由专业考古人员才发掘出土，而是几十年前被人挖出的，或者是民国时期就被挖出的，之后在社会上流转到了收藏人手里的，或出现在洛阳、北京、西安等地的古玩店里，那现今的人们，很可能又要将它们归为明器，是出自墓葬之中了。

如前所说，唐三彩器在一百多年里陆陆续续地不断有出土，通过各种渠道到了收藏人或古董商人手里，其中有明器，也有非墓葬中出土的日常用器或其他用器，将它们都归为陪葬品，显然是不符合事实的。

还应该指出的是，皇室贵族墓中出土的一些唐三彩骏马俑、骆驼俑、胡人牵驼俑、乐伎俑、武士俑、仕女俑、歌舞俑、打马球俑、舞人俑、百戏杂技俑等，可能是由官府出钱并指定当时技艺高超的匠人精心制作的。

这些器具在一些地方，有所谓"十大件"配套下葬的现象，如镇墓兽、天王俑、马俑、驼俑等，但并非所有地方都是完全一致的。地域有别，风习有异，没有区别就将一地的状态当作普遍模式，就会出现误判了。

皇室贵族墓中出土的这些唐三彩，虽然是专为皇族勋贵下葬而用，但其用料、修饰制作、烧制工艺等，完全可以和陈设器相媲美，并没有像一般明器那样的粗糙简陋。因而，这些造型生动传神、釉彩宝光润腻、气质非凡的唐三彩器物，虽然出自墓葬中，但和当时市场上出售的陈设器、观赏品没什么区别，完全可以当作艺术陈设品去欣赏。这些唐三彩物器第一眼看上去就和一般的物器不同，显示出唐人那独特的气势与特别。

只要看多了到代真品唐三彩的这种"特别"，便有了信息记忆，有了鉴别的尺度标准，也就是人们经常说的不"打眼"、少误判的眼力。眼力的提高快慢，当然和学习的悟性有关系。但这种眼力，是自己看东西看出来的，感受领悟出来的，仅靠别人教授那是难以学会的。恰如游泳若是不下水，即使老师在池外把要领、动作全教了，也不可能一下水就会游泳。

2.唐三彩是可供欣赏的艺术陈设品

皇室、贵族、富豪不惜工本、只求登峰造极制作出的这类明器，完全是按照活人，且还不是一般人，而是诸如皇家、礼部、名士文人等这些人的审美要求和工艺要求去制作的。

在唐代严苛的管理体制下，其样品和成品不知要经过多少大人物的审视、挑剔、指正、修改、完善。那可不是事情做不好仅扣点俸禄的事，鞭笞、发配、砍头等处罚都是律条里规定好的。

市律有"诸造器用之物及绢布之属，有行滥短狭而卖者，各杖六十"等多条规定，"徒坐""准盗论"等各类罪名和惩罚是极为严酷。各级官吏和办事人、承办人，当然不敢敷衍了事以免丢掉自己的乌纱帽。若掉以轻心惹得当权者恼怒，很可能会毁了自己的身家性命。

从古到今，人们都把亲人的丧事当作不敢糊弄、不敢草率的大事。当时的唐人是非常迷信的，真心相信神鬼之说。丧葬用品上除非是无钱而只好降低标准外，承办买的人、卖的人、烧制的人、运输的人，大概都是很认真、很小心做事而不会怠慢糊弄的。

这类明器的用料之精，用釉之纯，精雕细刻甚至底胎都打磨得

十三 如何判断唐三彩中的明器和日常器　189

　　唐三彩文官俑　　　　　　　唐三彩胡人俑

光滑细腻。匠人们把技艺发挥到最高水平，堪比明清时皇家专用的官窑御品了。每烧一窑，剔除多件废品后，能烧出来让买家满意并接受的三彩器，其实已是当时世人求之不得、珍爱非常的宝物了。

　　因此，还能将这些生气勃勃的唐三彩雕塑，视为廉价的用一次就算废物只不过是做样子的明器吗？尽管是出自墓中，尽管是专为亡人而烧制，但这类唐三彩器物，实应当作唐代的工艺美术品，或具有美观欣赏性的陈设器看待，不应等同于一般的陪葬明器。

唐三彩立牛

眼上点蓝的唐三彩花牛

十四 唐三彩真伪鉴别的标准

十四　唐三彩真伪鉴别的标准

中国古董书画以假乱真谋取暴利的起源，至迟在唐代已有记录。唐代李绰记录了唐代古董行业的实情百态，他在《尚书故实》中说："京师书侩孙盈者，名甚著。盈父曰仲容，亦鉴书画，精于品目。豪家所宝，多经其手，真伪无逃焉。"

唐代时已有鉴定宝物真伪的名人出现，说明当时的社会已经有鉴别真假的需求，于是鉴定师也应需出现了。

对唐代烧制的在近现代出土的唐三彩，以及民国以来特别是近几十年来仿制的唐三彩，即真品唐三彩和仿品唐三彩的鉴定，是个受人关注的牵涉多方面的问题。

唐三彩的真伪鉴定方法可分为两大类。一类是传统的所谓"眼学"的鉴定方法，诸如：分类法、比较鉴定法、辨别鉴定法、综合考察法等。另一类则是用现代科技手段对陶瓷进行成分分析判断，例如能量色散X荧光分析法、脱玻化结构分析法、锈蚀层衍射分析法，还有高清数码显微镜下的微观观测分析法、^{14}C测年法、拉曼光谱分析法、热释光测年法、光释光测年法等。

这些用现代仪器的鉴定，不但费用不菲，私人家中也无法完成，有的需要从器物身上钻取下样体进行检测，有的则有光热辐射会对古器物造成一定的影响，因此一般收藏人在鉴定唐三彩是到代器还是后仿器时，多还是采用靠经验来判断真伪的传统方法，即"眼学"或综合要素比对的鉴定法。

近年来由于收藏界对唐三彩的重视，对唐三彩器物鉴定的视频经常在鉴宝类节目上出现。打开网页，便有文章、图片、视频等相关的信息。网上还有人制作分集的辨伪鉴定课，观众需要付费学习。

这些专家、学者、收藏家、唐三彩爱好者的说法，有的是有一定说服力的，可靠性也比较高。但也有自相矛盾或和实物、特别是和博物馆中的真品对不上号的。于是让不少人无所适从，也难以辨别这些鉴定方法和鉴定标准，究竟是否可靠、可信、可用。

之所以出现这种情况是有原因的。以往的专家、学者、收藏家的鉴定经验，也是来自对实物的观察比对和综合判断，当然有用，有可以借鉴的价值。

但是鉴定人对他所能见到的那些唐三彩器物，有的是几件或几十件，多的上百件或更多，即便都是到代的真品唐三彩，也是他所能看到的那些实物，也只是一家之见。能否仅凭这有限的鉴定经验，就推而广之，放大到所有的唐三彩器物上，就当成是普遍适用的判断标准？它显然是有局限的，其判断的有效性和科学性，还是要质疑的。

初唐、中唐、晚唐前后近三百年时间，不同的地域、不同的土质、不同的成泥方法、不同的制器工艺、不同的窑口、不同烧制匠人形成的不同经验，乃至在不同的温度下，用不同的柴料烧窑，烧出的唐三彩都会有些微的差异，怎么能够用一地一器的标准，去判断、比对所有的唐三彩器物？这样不可避免会出现误判误认。

埋藏地区的土质等多种因素在千年之后造成了唐三彩上的开片、土浸、水沁、釉变、胎变等，又怎么能够用一地出土物的特征作为唯一的标准去衡量所有的三彩器呢？

因此，对绝对化说法是要警惕的。对常用的鉴定三彩器的方法先要质疑：鉴定真伪的标准是什么，为什么这就是可信的真品的标准，让人信服的道理又是什么。

唐代的真品，自有是真品的历史印记、神韵味道、综合状态和必然如此的道理。弄不清、说不出道理，所谓的判断经验便令人怀疑了。

以下对现今流行的鉴定唐三彩真伪的十四个标准的合理性一一进行辨析，以具体领悟其是否有道理，是否可以当作标准，从而避免或减少盲从、误认与误判。

1. 气质神韵

真正的收藏界高手看高古陶瓷，特别是判断唐三彩的真伪新老，往往不是先上手看胎、釉或器型，而是隔着些距离看唐三彩器的气质神韵。神奇的是看那么半分钟或一两分钟，就能判断个八九不离十。还有的甚至就是看那么一眼，连半分钟也不用，便已有了真伪之判。据说著名的古文物专家王世襄先生就有这个能力，经他鉴定的古陶瓷几乎没有误判的。

王世襄先生说："凡是唐三彩之类的器物，都是唐人饱含热情所创造出来的，内部蕴含着一股大唐的盛世之气，而这种气息是绝对仿制不出来的。"

陕西唐三彩艺术博物馆的收藏家齐先生告诉著者，经过十几年的收藏，经手了4000多件唐代的器物，收藏了600多件唐三彩，他现在看唐三彩就是看那么一眼，用不了几分钟便形成了看法。往往看那么一眼的判断还多是正确的，若多看、再看，反而难辨真假，陷入了迷惑。

他们看的是什么呢，说是看唐三彩器物的气质神韵，看那特有的盛世之气。那么，一件唐三彩的神韵气质、盛世之气又是什么呢？要看人俑或马俑的神情、神气、精神、神色、气息、状态，器物整体所显示出来的那种味道吗？似乎包含这些，却又不完全是这些，不是仅靠唐三彩的艺术风格和意境、特点等，就能把气质神韵说准确、透彻的。

那看这么一眼，也即人们所谓的"望气"，到底是看些什么呢？要看哪些地方，就能看出无法作伪的特质来？说不清楚了，似乎只可意会不可言传，并非故弄玄虚，却有点让人不得要领，难以领悟与把握。

但是，肯定是唐三彩独有的、特别的、无法仿造的某种东西，被观察到了、感受到了、看出来了。不然，断不能如此肯定的就有了判别与判断。是造型、釉色、态势、味道、整器的比例等，自有一种唐代手工制品的独特气质吗？其实不只是这些，还有应该也必然呈现唐匠们在手艺活上特有的某些东西。

诸如：造型上夸张却又准确、适度的表现力，饱满甚或张扬却又不显怪异造作的分寸感，雕塑品多在粗率与精细之间的熟练感、速度感，充分显露创作者心性的个性化灵动情趣，等等。

无论是天王力士俑、文武官俑，还是马俑、驼俑之类，似乎唐代匠人轻松地就捕捉到了那种神情动态的瞬间情状：或威严，或自信，或肃穆，或傲岸，或满足，或安详，或恭谦；或单纯，或活泼，或天真，或带有让人看一眼就能感觉到却又一时尚说不清楚的那种状态。

似乎在那一个个三彩器物的形色姿容中，注入了活物的灵魂和血脉，却又是那么简洁、干净、利索、爽快。匠人用竹刀之类的器具，在坯胎上点出眼球，戳出鼻孔，凸出骨络与肌肉，看似平滑的表面，手摸上去却能明显感觉到微微起伏的律动……仿若还有了温度。

这一切，甚或还有超乎这一切的某些东西，才能形成一件唐三彩器物的神韵，形成特有的气场，形成让人能望见或感觉到的气息神韵吧。实际上是诸多的细节元素形成了这种感觉和印象，仕女的襦裙上有着飘动时才有的衣褶，腰肢的起伏曲线有时夸张到了几乎失去平衡的程度，造型富有动感，情态似乎蕴含着那么一段故事。

马或喷鼻嘶鸣，或侧头踏蹄。骆驼张嘴露齿，奋力向前，很少有如木桩一样呆板的形体。从侧面看，甚或从马、驼的后尾向前看，它们的躯体几乎多是微微侧倾，一边高一边低的。匠人显然是要塑造出在运动的一刹那时的步态与活性，匠人想让它活起来，生气就灌注在这三彩器内。当然还有唐三彩釉色那宝光溢彩的微妙特色，以及千年时光才能形成的熟润老旧感、色釉沉稳感。

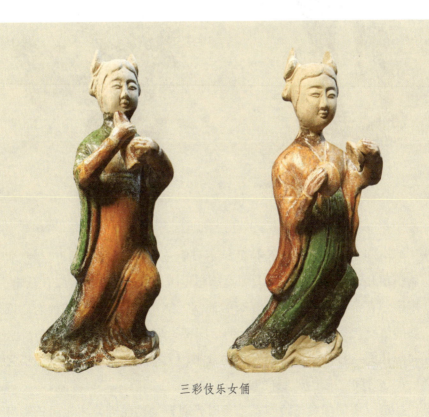

三彩伎乐女俑

从后方看骆驼俑　　　　三彩摩羯鱼小壶

时间是有独特审美价值的，不只唐三彩釉色是这样，汉代霍去病墓前几近风化的石刻，敦煌莫高窟里唐代变色的壁画，宋代汝窑、定窑、官窑器釉面那润腻复杂的油润，都是时间生成了那种老而圆熟的沉稳，那种浮光褪尽的气韵。即便是现代工艺大师的顶级作品，要想达到这种神异的天然蕴妙的效果，大概要在八九百年或千年之后，靠时间才能形成这样的光气、油润与色调吧。

这一切的综合，特别是千年时光对器物的生养，才让唐三彩有了这独特的魅力、别样的感觉！

不过能真正感知唐三彩气韵的收藏家太少了。没有过眼或过手成百上千件真品，没有相应的知识涵养与悟性，是不具备这种能力的。唐三彩收藏家齐先生说，最有效的学习是自己掏钱买东西。花了冤枉钱，买到假东西，心痛了才长记性、长经验。

什么都懂、什么都敢鉴定的所谓"专家"，并没有这样的经历和经验。电视上夸夸其谈，把真的说假，把假的说真，大有人在。有的鉴定专家没见过这一类的唐三彩便说是臆造的，看不懂的便推说是仿品。专家往往仅熟悉某一类或某几类器物，不是所有的门类都精通。靠鉴定费、出场费挣钱的专家确实存在，若只听他们的说教，没有自己上手的经验和有效的学习，搞收藏无疑会走弯路，白交学费。

认识古董不是仅凭看几本书或上个提高班就能成为行家里手的。实践经验所形成的判断能力，往往比书本知识更有用。或者，先接触多件实物，等有了一定的鉴别眼力后，再去读入门、鉴赏、鉴宝类的书籍，眼力长进则会更快些。

若先看许多鉴宝类书籍，带着从书本上学到的概念去古玩市场上挑东西，往往会打眼上当的。有的人仿品看得多了，看得久了，甚至会把真品当假品。这样的教训不少，是应该引以为戒的。

不过，对于近三十多年来，特别是近十多年来制作的高仿品，再不要仅仅相信眼睛了，因为仿造的技术已经达到可以乱真的地步了。3D技术做出的唐三彩外形已经与真品十分相似，地里也埋过好多年了，在露天也风吹雨淋日晒过，开片、胎、釉、返铅、土味等已经很接近真品的熟旧老态了，有的还上过X光机，即使用现代仪器检验也可能需要多检测几次才能查出问题。

过去所依赖的多项鉴定指标，作假的人在技术上已经找到方法蒙混过关了。再别说看一眼就能判别真假，高仿品如今用肉眼看是越看越难以判别了。现在的情况和王世襄先生当年的情况不一样了，受骗上当的概率是大大提高了。望气判真假的社会环境已经改变。

20世纪五六十年代的人若造假了还会心虚，仿品还容易露出些破绽，如仿造得呆板、画片不自然等。现在的造假者往往被金钱诱惑，即使一时心虚也让高额收益蒙蔽了。以造假骗人为专业的高手层出不穷，不断提高了造假的技术。

一些地方是整个村子里的数十上百家都在制造仿古赝品，他们还相互交流，提高工艺水平。据说，他们的赝品被拍卖公司当真品拍卖，挣了大钱。别人一倒手就能赚大钱，第一线制造赝品的凭手艺挣钱的人反倒赚得少，这种心理上的不平衡，使他们在造假上更上劲、更细致、更逼真，也更专业了。靠看一眼就能判断唐三彩真伪的可能性，是几乎不存在了。

2. 胎土

唐代时烧制陶瓷器，因运输不便或运输费用太高，各地窑场的制坯用土基本上都是就地取材。因而各地的土质差别，也就形成了唐三彩胎土的差异。

河南巩县窑周边就有高岭土，则多用当地的高岭土烧三彩器。而别处的窑场用的是用白黏土或当地的高岭土。陕西黄堡窑烧三彩是既用白黏土，也用当地的高岭土，甚至还有一器上用两种土的，如有发现用河南高岭土和当地高岭土混合后制胎的，估计是为了提高胎体的硬度，或为了釉彩的效果更好，或为了提高烧制的出窑成品率，总之是有当时不得不如此的原因。因为从河南长途运来的高岭土，运输费用十分高昂，其三彩器的成本增高，自然售价也会提高的。

因无法接触到更多窑口的唐三彩器物，仅就常见到的三彩器而言，唐三彩胎体有白色、砖红色、藕红色、粉红色、粉白色，黄白色、土黄色等多种胎色。

巩县窑烧制的三彩胎多为白色，较致密坚实。若细看能看见粗粒，并含有黑色或红色微小杂点。或同一器上显黑红两类的杂点，这一类也还是较多的。

陕西耀州窑的胎土较为细腻，色微淡红或淡黄。耀州窑三彩器，尤其是大器，就有同一器用两层胎土的情况，即一层本地高岭土加一层河南高岭土。

扬州出土的唐三彩中既有中原的产品，也有一些应该是当地窑口的产品。这些当地的产品，胎质比巩县窑和耀州窑的都要粗一些，整体质量也比前两地的唐三彩稍有逊色。

此外，河北邢窑的唐三彩的胎土极为白净，千年之后出土仍白得像新器一样醒目，但终因历时千年而白里微显黄。不同窑口都有白胎土，即便都归之于白，却也有多样的呈色。其白色并不都是一样的，色阶还是有多样的差别，过眼多了自会辨识其间细微的不同。

白胎土的唐三彩中有一种所谓"钢胎"的，颜色比较白，质地比较密实，看上去似乎有一种石膏质的感觉。但在高倍镜下看，则会出现莹白的瓷化晶像，和用石膏烧制的三彩器还是不同的。后仿的唐三彩若用石膏胎烧制器物会很轻，不压手，两者是明显有差别的。

但胎土的多样性是必须注意的。2015年2月5日，网友"期待已久"在《唐三彩的部分特征及其真伪鉴定》一文中指出："陕西是出土唐三彩最多的省份，而乾陵博物馆收藏有大量的唐三彩，主要是李贤墓、李重润墓、李仙蕙墓出土。经陕西省考古所张建林先生对其残片标本科学测验分析，有一部分与河南巩县窑烧制的唐三彩数

唐三彩红土胎

带杂质的白胎

无法洗掉土渍的胎底

据相近，与耀州窑三彩不同，因此乾陵唐三彩有一部分可能与巩县窑有关。但据冯先铭主编《中国陶瓷》（上海古籍出版社，2001年）一书中称，巩县窑大、小黄冶并未发现烧制大型俑类，所以也可能是唐长安城附近周边地区未被发现的窑址烧制。在西安西郊发现的唐三彩窑址出土器物标本色彩斑斓，加有蓝彩，又有'天宝四载'文字的陶片标本发现，其与乾陵唐三彩相比色彩较为丰富，应该不是同时期烧制。又经过对比耀州窑三彩和乾陵三彩，可见胎质、釉色、色泽有差异，所以乾陵三彩与耀州窑三彩联系可能不多。"

一般而言，唐三彩的胎土比唐代瓷器的胎土稍微显得粗一些，放大镜下都能看到未成粉状的粗粒态。但有不少三彩器瓷化程度较高，胎土已明显出现晶化态，发出天然的荧光，和陶器的陶土态是完全不一样的，有点接近瓷器了。

有专家说唐三彩因为埋藏上千年，未上釉的部位，如俑人的手、脸、底座，马俑、骆驼俑的陶质底座，都已变得松糠了，用指甲一划便能划出一道痕。确实有这样的三彩存在，但也有陶胎较坚硬的，用指甲是根本划不动的。陕西出土的汉代一些陶罐、陶砖的残片，质地密实坚硬到可以做砚的程度，敲之发出当当脆响，据说有的还是用核桃油和泥烧制的。

由于埋葬处的湿度及微量元素的腐蚀作用都是有差异的，未上釉部位的陶胎受侵蚀的程度也会不同。但只要是不上釉的陶胎部位，总会显出失坚、已被侵蚀的变化，这和新烧成的即使是放了一二十年的新器的陶胎，还是明显不一样的。

民国时期的唐三彩已经很有些老相了。胎质和新仿的唐三彩胎不同，和到代的老唐三彩胎也不一样。胎质显得比老唐三彩硬，光釉也有点涩。有经验的人才会有这样的感受，但遇到民国时期唐三彩的机会是很少的。

有专家在网上视频中说出土的唐三彩若是磕碰掉了外壳，便会露出白色的原胎，但原白胎至多一百天左右就变黑了，他还未见到不变黑的，因而说凡是露原白胎处，在自然空气中三个多月不变黑的，就是仿品，就不是真正的唐三彩。

这个定论是过于宽泛，以己之物推论天下了。因为在博物馆的非密封展柜中，在不少收藏唐三彩的人手里，多有磕破釉壳露出白胎的三彩器，已过了三五年却依然是原先的白色，只有少许变化，压根儿没有变成黑色，如1959年西安中堡村出土的八个乐人骑骆驼三彩俑，现就在中国国家博物馆中展出。陕西历史博物馆中的乐人骑驼俑，乐人手拿的乐器露胎处依然是白色，并没有变黑。西安博物院展出的唐三彩镇墓兽，发尾处断后露出白胎，几十年来依然也没有变黑。

因此，收藏唐三彩的人，绝不能把自己手中仅有的三彩器，或自己看到过的三彩器，说成是唯一真品的标准，甚至推而广之当作所有的三彩器都是一样的土质，一样的烧成状态，一样的埋藏条件。以自己的一家经验作为天下器物的鉴定标准，显然是经不起实物验证的。

但有一点几乎少有例外，真品唐三彩器的胎土若是遇潮气后，便会发出所谓的土香味。有的土气味很明显，甚至有点呛人，有的土气味淡些，细闻才能感觉到。据说现在已有高仿者用药或老坟土烧出了这种效果。但无论是新器埋地下八九年者，抑或是用老土制新仿者，和真正埋藏了上千年的真品的胎土气味是不会一样的。

只有多次闻过真品胎土气味的人，才有这种一闻便知的气味感觉和记忆，仅靠看书或听专家讲课去鉴定，是没有这种辨识能力的。各地不同窑口的三彩器胎土的吸水情况也不是完全相同的。老器中多数器物的胎已干透，也比较轻，若是在北方湿度较低的自然环境中，遇水的三彩器表面滴上了水珠，便会很快被吸干。若是出土后在潮湿空气里久放，或器物原先就被油污久浸了的，胎土便不那么吃水了。

　　由此也可以说明，很多坚持说唐三彩为明器的人，以胎体不如瓷器结实为理由，这种说法看似有道理，实际上并不科学合理。因为唐三彩中的大量器物，是不需要像瓷碗、瓷罐一样整天浸水的，少有人会用三彩器吃饭，用三彩罐装汤，或用三彩大缸去盛水。唐三彩因比土陶器和一般单色瓷器都华丽耀眼，故而多是陈设器，或是带实用功能的盛放器、装饰器、宗教用器、文房用器、玩具等，如内里施釉的粉盒、果盘、供盘、烛台、供杯，既能满足实际功用，又表达了使用者的某种情感爱好。以陶质不耐用会渗水，或彩釉含铅有毒为理由去否定唐代时唐三彩的普遍使用性，是一种以今度古，以现代人经验去推定唐人状态的想当然思维。既非历史事实，也非历史状态，应该是自以为是了。

　　胎土上若结有土壳，确如鉴定专家丘小君先生所言，在清除时会一片一片地成痂状或块状脱落，少见土沫或成尘灰状态脱落，这应该是三彩器被土泥掩埋日久而形成的状态。也有的器物是在地下的耳室空间中摆放，并没有被土掩埋，但多年的尘浮土灰仍会积附在器物表面。这和在泥土中久埋而形成的结粒土垢是有区别的，不能将一种情况的经验和判断，放大了去检验所有的器物。但三彩器上的附着土若呈现蜂窝状、颗粒突出状，还是比较让人放心的。若是抹上的是一团或一片泥巴，泥巴上还带有颜色、杂物，便要当心，往往就是作假的痕迹了。

　　不过，近来著者在古玩店中看到有一件高仿的唐三彩，其底座内的做旧土就呈现蜂窝状，这是造假者突破了仿造的技术，还是将真品上的老土黏在此处，一时还难以判定。因此对一器物的鉴定，决不能只看一个或两三个指标。

　　总之，判断的经验和方法是根据器物自身的诸多状态形成的。

弄明白了这一点，才不会死守一两条或几条判断标准，而陷入无名迷惑之中。

3. 釉色

唐三彩是因釉得名显出特色的，故而对三彩釉色的判识极为重要，往往是由彩釉色感形成对器物的第一印象。

唐三彩是一种低温釉陶器，以含铅的氧化物作助熔剂。烧制过程中，将含有铜、铁、钴等元素的金属氧化物为着色剂融于铅釉中。烧到800—900℃时，便形成了淡黄、赭黄、浅绿、深绿、天蓝、宝蓝、褐红、茄紫等多种色彩相互渗融的效果。其釉料的化学成分主要是氧化铅、氧化硅、氧化铝等。加入氧化铜，釉面烧后会出现红釉；加入氧化铁，釉面烧后会出现黄色或褐色；加入氧化钴，釉面烧后则会出现蓝色釉；釉面铁的含量高，则为黑色；氧化铁的含量极少达到一定比例时，就会使釉面发出白色。不同配料含量的多少，形成了复杂的出彩效果。由于在窑火中多色釉的变化、浸润、自然流动融溶，形成了唐三彩绝无相同的天然自成的夺目釉色。其中以黄、绿、白三色为多见，故被发现时人们便称其为唐三彩了。唐三彩的釉俗称玻璃釉，发出天然矿釉的光亮。它的美妙在于色釉的复杂性、变化性与难以言说性。

唐三彩的釉色有原色，有复合色，有兼色。斑驳陆离的色彩在华丽的光亮之中，又透着异样、变化、新鲜、陌生、沉稳。特别是过渡色彩的多韵多变，使人目迷心动。观赏唐三彩时往往会感到一种自然天成、偶然造化的不可把控性，一种超越人力的自由组合的乐趣与奇妙。

真品唐三彩历经千年仍然釉光发亮，这种亮光和用稀硫酸咬过的仿品釉面或经过上光机上亮的釉面是有差别的。我们常说真品有宝光,宝光是器物由内向外的老熟润光,是自然态的釉光。这种"熟润",是千年时光生养出来的,有生成过程中逐渐递进变化的痕迹,模仿的难度比较大。

实际上,若不上手真品,光看图片,仍是没有经验记忆为参考,是难以判别真伪的。真品看多了,特别是到代标准器看多了,釉色记忆形成了,再去古玩市场或是地摊上走一圈,有些时候连腰都不用弯,更不需要用放大镜,往往很快便能看出真品和仿品的区别。这些仿品,不管是带有皮壳的或是去了贼光的,甚至还有在匣钵里粘连像刚出土的,仅是那釉色的绿、白、黄、褐、蓝色便比真品显得呆滞、死板,不是那印象中的灵动光色,人为做出来的"旧",不会有天然熟润的老相,总会露出些人为的迹象,识别是自然会发生的。

国外博物馆中的三彩马

唐三彩麒麟俑

真品唐三彩的色釉在色彩搭配上是否有规律？比如红、绿、白、黄、蓝几种色釉，是否有常见的搭配模式？若有，那么不合乎这些配色规律便不是真品唐三彩。似乎没有很多人有过这样的提法，好像这样的配色规律也并不是那么明显。但一个地方的工匠的手艺都是代代相承的，工艺手法会有固定的习惯。窑场的产品也就会有相对固定的样式和特点，不会几年就随意改变的。

　　因而，唐三彩的色釉搭配也可能有一些规律，但不是绝对的。如有些专家所讲的那样，盛世时鸟都是抬头有精神的，无能皇帝掌权时匠人画鸟多是垂头没精神的。像这类的例子总是可以随便找到的，不具有绝对可靠性，比如虽然南宋的皇帝很窝囊，但南宋的瓷器多有精品绝品。

　　在不同时长周期里的传统惯性，不会因为皇帝变了就马上发生改变。天南地北的工艺传统，往往会延续一段时间，呈现一定时段的稳定性，这也是后人识别不同时期器物的依据。但器物的变化是一定的，所以各朝代甚或一个朝代中不同时期的器物也会多有不同。

　　一些有经验的玩家对唐三彩的釉色搭配有着自己的判断和标准。这种经验还是极为宝贵的，是值得思考的或应为人们注意的一个方面，但也要警惕不要将其绝对化和放大了判断范围。

　　真品唐三彩的釉彩有厚有薄，各色交融互渗，一般不会出现两色或三色界限分明，色彩之间不流动互渗的釉面。所以有没有出现融渗的过渡色，也是观察的一个着眼点。这也是唐三彩和辽、金时三彩器的区别。辽、金三彩器互渗程度较差，将一件唐三彩和辽、金三彩放在一起比较，差异立刻就能看出来了。

　　这种互渗的过程，是釉料在窑火中熔化后流淌时被胎体吸附而形成的，自然会呈现由厚渐薄或由浓渐淡的高热搅混状态。在熔化后流淌向低处时被胎体吸附了，故流淌釉的低边沿处往往显得较厚，

抱蓝犬的唐三彩武士,脱釉处呈现粒状胎

辽三彩

宋三彩

显出较深的颜色。一般来说，真品唐三彩的胎体和流釉结合得也比较紧密，显得比较干爽利落。

唐三彩的施釉方法在多本专著与论文中都有论述，但都只说怎样画釉、浸釉、蘸釉等，未说明其形成原理，让人不明究竟。实际上唐三彩的施釉方法是由器物的色彩要求，以及施釉工艺而决定的。浸釉的多是壶、罐、碗、瓶等需要里外上釉的，一般是拿住底部将器浸入釉中，以达到里外上釉均匀的效果。这类器物的釉是向下流漫的，垂流的釉面在底部会因为聚釉而颜色显重显厚，但边线与胎体黏咬得比较干净利索。一些较大的器具难以拿放，可以用浇釉的方法，使釉面的釉层均匀光滑。荡釉的多是一些较大的器具，因为无法轻易拿起来浸釉，便将釉液倒在器内摇转晃动，使器物内表面均匀沾釉。还有一些壶、瓶、罐等要点彩或涂彩的，或如人物、马、骆驼等造型器，需要用毛笔蘸了不同颜色的釉彩在素胎上点涂描画，高温时就形成了多彩交融互渗的效果。

当然也有人认为唐时只用干粉施釉法与热熔法施釉法，说只有这样制成的釉面下才没有气泡。但有些人几经试验也未成功，现今难以确定了。

虽然新仿的唐三彩越来越接近真品了，但终究今人用的胎土、釉料、火窑、工艺等方面和唐人是有区别的。新三彩的釉色釉亮，即便做旧后，和唐人的三彩器始终还有那么一点不同。这会和观察过真品唐三彩的感觉记忆有些微的差距，即使可能不明显，但也是有所差别。诸如亮度过度，透亮性差那么一点，颜色不是那种透绿、那种复色黄或那种有厚有薄的深沉蓝，流动性缺乏那种复杂的多变态，看不出过渡色，等等。这种眼力多是看实物看出来的，不是光看书、看图片、听专家讲解就能一下子掌握的。

唐三彩终究是一千三百年前的器物，又几乎全是出自泥土之中，

十四　唐三彩真伪鉴别的标准　　211

流釉边沿颜色或浅或深，没有绝对的标准

故而脱釉是鉴别三彩真伪时尤要注意的。真品多有脱釉，脱釉的部位往往是在凸出部、边棱处，也有凹处脱掉釉面露胎的。但真品的脱釉都很自然，是长时间一点一点形成的，往往脱釉线或脱釉片的边缘，不是那么规矩、那么整齐。因为唐三彩釉面的脱落是有个过程的。由于压力、冷热变化等多种作用的原因，釉面和釉下胎体分离了。然后釉面皮壳起翘了，渐渐的釉面崩裂脱落了，下边的胎休也自然的会出现松软粉化。随着器型的凹凸变化，有的釉面崩裂脱落得越来越大，形成了或线状或片状的釉面与胎体分离的现象。

而仿品是通过人为敲击或硬压等方法形成的脱釉，没有经过长时间的自然脱釉，显得机械、死板、生硬。脱釉的边沿和底胎结合得很紧，没有自然脱釉的适度间隙。

如果一件唐三彩的气韵、形态、开片、釉色、胎土等方面都是真品的特征，而且能发现自然脱釉露胎处，那就多了一条鉴别的证据。当然不能仅以是否有脱釉来判定真伪，现在唐三彩高仿品的技艺也在提高变化，仅凭是否有脱釉越来越难辨识真伪了。

很多古玩店主和收藏者即使不买东西也经常去古玩市场转地摊，其目的就是观察造新者在仿老的技术上，又有了哪些突破提高。有个终身考古的老学者退休后，经常有人拿仿品让他掌眼评判。他说哪哪儿不对，下一次又有什么地方不太对。三五次或七八次甚至十多次后，仿品改进得越来越接近真品了，他挑不出毛病了，才意识到自己做了傻事。

这样的仿品并不是以工艺品价格出售的，多是给那些肯出价钱的大收藏家或者是拍卖公司，按照唐代真品的价格出售。一些国内外的博物馆展柜中也有类似这样的器物。若不打碎器物看其胎内质态，是很难从外表上鉴别真伪的。

即便用现代仪器检验有时也会误判，不仅有接老底或接身等老办法迷惑人，据说还有用新烧唐三彩过X光机的方法，过一次物理性能衰变几百年。过上几次，年代一下子就变老了。

据说还有用唐代真器碎渣土制作的，甚至整器是用老唐三彩残片砸土炼泥烧成的。用唐墓老坟土的也不少，因而自然不会是现在的成分。青铜器上若贴满了真器上的锈壳，若不打碎打破器物，怎能判别新老真假呢？这方面上当的人还不少。

真品唐三彩的釉面上还常会出现俗称"苍蝇翅"的状态，这是指釉面生出一层半透明又不完全透明的结层，影影绰绰的有纵横交错的开纹,像苍蝇翅一般。但不是所有的唐三彩都如此,也有觉察不到苍蝇翅的,并非就是伪品。这种结层是自釉里发生而出的,用湿布也擦不掉的,要注意区分和辨别真结层和人为涂胶做的假结层。

还有的收藏家在网上说唐三彩不应该有垂釉结珠的现象,凡有垂釉结珠的皆是伪品。的确,真品唐三彩的垂釉边沿处一般是自然状凝结,釉和胎的边沿很自然地收住,多没有明显的隆起堆积。往往还会有垂釉下边沿颜色稍稍发重的现象,这也是鉴定时需观察注意的要点。但并非有流釉垂珠的唐三彩就必定是伪品。在陕西历史博物馆和西安历史博物院中陈列的出土三彩器就有流釉垂珠的,如西安历史博物院中独柜展出的著名的蓝釉俑人骑腾空马唐三彩,在马蹄下就有明显的垂釉结珠。许多私人收藏者手中的唐三彩,也多

黄釉苍蝇翅

蓝釉苍蝇翅

见垂釉结珠现象，但其型、神、胎、釉、开片等，都符合真品特征，不能仅因有垂釉而判为伪品。

也有收藏家提供了这样的经验，说垂釉结珠中不应有气泡，有气泡者或为仿品，这一点倒是应该注意的。著者过手的唐三彩也有局限，没有更多观察对比垂釉结珠的经验，不敢肯定或否定这一检验的方法。

唐三彩人物的面部、手部、胸部多露胎不上彩。有的上化妆土，用黑墨或红色勾画出人物的眉眼、嘴唇等细节。因时间久远，墨彩多已脱落或消色。于是有的地方颜色便深浅不一，有时间长久而形成的颜色差异和过渡变化。

但不同地域不同窑口的唐三彩，制作工艺上有差别，例如可能是河北邢窑的陶俑便有全器上釉的。博物馆中展陈的出土唐三彩人物俑，也有面部、手部、胸部都上釉的，甚至还有同一件三彩器上两种情况都有的，如西安博物院骆驼俑上的小乐人，几个乐人的面部就有上釉和不上釉的。

面部带釉仕女俑

面部带釉胡人俑

由此可知，做鉴定的人绝不能把一地一窑一类唐三彩的真品标准，当作多地多窑多类唐三彩的统一的鉴别标准。从考古发掘的现状和古代文献资料来看，唐代管理手工业活动的将作监甄官署，并未出台过统一的工艺标准要求。我们还是尊重历史事实，以实物为准，少点自以为是才好。

真品唐三彩釉色的难以仿制还不止上述几点，唐代时刚出窑的三彩釉色我们无法看到了，而现在能看到的唐三彩在土里埋了一千三百多年，其掩埋条件的差异又使釉色发生了变化，这一千多年的变化，若想只用几年的时间去实现，肯定是无法做到的。釉色的微小差异肯定存在，但不是初学者能看出来的。

唐三彩中的绿色和汉釉的绿色不同，蓝、黄、白、褐等色彩，和宋代、辽代、金代和明代的三彩也都明显不同。这其中既有不同釉料、不同工艺的差别，还有着存世时间长短所形成的差别。

时间形成的差别是客观存在的，又似乎是可意会而难以具体言传的。这又要凭上手上眼，多看真品唐三彩，有了一些具体感知经验后，才能具备分辨差异的眼力和把握。很多老手特别是经验丰富的人的说法和经验，是很值得重视和看物时体会的。

4. 开片特征

唐三彩开片是判别是不是真品的一个极重要特征。据说民国年间京城古董行里老师傅传教徒弟看唐三彩，首要的就是观察三彩开片，以开片判别真伪。唐三彩的开片也是多样的，有较多人认可的标准器开片状态，又有一些不尽相同的特点。

唐三彩的开片有很多种说法，多是从鉴别唐三彩器物中总结出来的，自然有参考的价值，应该继续在鉴别时使用。例如说唐三彩的开片极为细小，所谓的"一个芝麻三个片"，"芝麻开片两头翘"，这是最常见的说法。更有说唐三彩的开片就完全像芝麻的形状，是两头细，中间粗，两头翘起。这说的已经有点绝对了。还有说真品唐三彩的开片形状也有规律，是排列紧密的。仿品唐三彩的开片多为无规律的几何状，有三角形的，有长方形的，其开片的大小不一。有说仿品唐三彩的开片尽管也很小，却往往大于真品唐三彩的开片。这又不好把握了，多大算大，多小算小呢，没有一个量化的尺度了。也有的说仿品唐三彩开片的边线几乎都是几何状的直线。而真品唐三彩开片的边线，几乎都是弧线。真品唐三彩开片的两头都有起翘，仿品唐三彩的开片是几个边线都有突起，并不仅仅是两头起翘。仿品唐三彩开片的边线框，一般要粗于真品唐三彩的边线框，但多粗算粗，多细算细呢，这样的说法很不好把握。

有的讲授鉴定的书中说仿品唐三彩的开片角很尖锐，不像真品唐三彩的开片角那样和润，等等。有的说法更为绝对，认为凡是真品唐三彩的开片，就只能像芝麻般大小并且只能两头翘，凡不是这样的，都不是到代的真品唐三彩。说的似乎很具体，实际上却不好把握。

真品唐三彩的开片果真都是如此吗？我们能用这样的标准去鉴定所有的唐三彩吗？显然不是这样绝对的。博物馆中的出土器上的开片也不完全是这样的，反证的实物到处可见。不过，若站在一米开外，是看不见或看不清唐三彩上开片的，而若是走近些或用放大镜看，立马便能看到器物遍体是细碎杂驳的小开片，开片的细密可见一斑。

一般来说，绝大多数的唐三彩都显示了开片的特征。著者只见过一件未开片的唐三彩真品，但这需要多少条件的偶合，还要在出土后胎体与釉层膨胀系数也能保持一致的自然条件下，才能出现这样的情况。

十四　唐三彩真伪鉴别的标准　　217

一米外看是没有开片的，近看可见细碎开片

但开片也不像有些人说得那样绝对。有的三彩器开片极细碎、极密集，有的则开片相对较大些，也较稀疏些。即便在同一件唐三彩器物上，开片也并非都是大小一致。有的部位开片少且小，相邻的部位却明显要大些。因为开片不是一下子一次性形成的，是极长时间内陆续多次形成的，自然开裂出现的状态样貌便不会一模一样。所以出现了多级开片的现象，即稍大开片中又有较小开片，较小开片里还有更小开片。

有专家说这样的多层次开片，才是真品的特征。这样的开片缝隙有宽窄差别，缝隙的颜色也有差别。要仔细观察，便能看出不同时期先后开片的细微差异。

"芝麻开片两头翘"，是收藏唐三彩的人都知道的，几乎所有有关唐三彩鉴定的描述中都有的肯定说法，这常使很多人陷入迷惑。因为开片是一边翘还是两边翘，或是多边翘，是没有标准的，翘起不平要到什么程度也不好判断。有的说是像干裂的泥田那样的龟裂状，但并不是那么容易观察的。如果不从侧面细看，是感觉不到那些轻微的翘起面的。甚至还有的三彩器的开片，还没有发展到出现明显翘起的程度，但并非就是现代的仿品。"芝麻开片两头翘"是一句形容的话，不可绝对化与机械理解。

实际上当观察一件唐三彩器时，它是一件展现多种特征的器物，因而此器的器型、釉色、胎质、底板、土渍、返铅、轻重等，会共同给观者一种感觉与把握，其中自然有釉面的开片。观察时是综合感受、综合分辨、综合衡量，进而形成一个判断。真品自然有它的态貌，无须抹胶黏土，无须杀光追色，无须在开片里加进污物迷惑人。因此，凡是发现有做旧，如涂泥、刷色、抹银白等特征时，便要分外当心，不要受骗误判了。

开片有的是在釉层下开裂，釉面上并无开缝。也有的是釉面开缝，直裂到底胎上，并没有一成不变的规律。

釉面开缝处经常能看到有白石灰似的渗出物，可能是返铅出银的表现，也或许是土泥中的碳酸钙类物质长久浸沁而生成。这种白色多为线状或片状，一般擦掉了还会又返上来，一两次甚至六七次也擦不净。一擦即掉再不出现的，往往是人工后造上去的，便不是真品唐三彩了。

近年来的仿品不仅在胎土和釉色上逼近真品的状态，开片也越来越细碎，有的几乎和真品一样，很有迷惑性。但有的仿品的开片仍显出生硬，不是上千年不同时间里陆续开裂的状态。因而出现了短期内或一次性开片的生硬，开片颜色一致，开裂纹路杂乱，还有的似乎多呈直线开裂，在较大开片中不再出现小的再生开片，不规则状的开片也较少。个别开片纹线过长，有些开片还有急速爆裂的状态，显然是人为地通过温差缩胀生造出来的。

唐三彩开片上的钙渍

唐三彩开片上的土渍

总之，和真品唐三彩的开片相比，仿品的开片总还是有些微小差异的。熟悉真品唐三彩开片的人，细察时便会发现有所不同进而识别真伪。著者曾在一古玩店见到一件高约40厘米的白釉双龙盘口壶，造型挺拔饱满，是在博物馆里见过也在照片上常见的唐器型样。釉色没有贼光，也无酸洗后的均匀呆板，和真品一样有着老润的光泽。底胎是典型的巩县窑白色高岭土，显出黑点杂质与红点杂质。哈口气也能闻到土香味，只是味淡一些，和别的土香味稍有差异。但如果是真品唐三彩，出土几十年后，其土味与刚出土几年的器物自然会有不同，大多气味较弱。用放大镜看此器开片，开裂缝底居然也有返铅的晶白色，只不过稍弱一些，但明显是返铅的晶白物质是有的。正在激动遇到难得真品时，著者又发现开片有些异样。虽然开得很细碎，和真品的密集细碎似乎没有什么两样，但在放大镜下看，开片是爆裂状，有种在短时间内被某种力量促使开裂的感觉。将瓶子放下，再冷静细看，便可觉出器物形态的线条有点过软了，不是唐代匠人习惯快速成型的那种爽朗与干脆。釉色也过于偏黄，且黄得均匀。总之是有什么地方老觉得不对。

此瓶或许是民国时仿造的产品，一百多年间已有了岁月形成的老旧感。也或许是哪位高手的新仿品，做得令人难辨真伪，将鉴定时会注意的特征都做出来了。遇到此类器物，若有疑惑或拿不准，应果断放弃，绝不能因为价格便宜而心动买下。当然也不能相信店主关于此瓶来历的故事，便动心上手。凡是以为捡漏，以为得了便宜而不冷静观察器物时，往往就是听信故事上当打眼的前兆。这类的经验教训尽管很多，却还是有人不断在重复着。

切记，凡看不准的、有疑惑的，再便宜也不要买，且不可着急买。等一等，多想想，再细细看，往往会发现破绽。这是很多人通过很多次教训总结出来的，以此为戒便少上当了。因为在观察器物时，心态往往会起到很大的作用。

像唐三彩马鞍扁壶真品，看图片和看实物的感觉是不一样的，还是应该到博物馆面对实物观察。不看实物而只看图册上的照片，往往会形成模糊、模棱两可的印象，之后真正拿起唐三彩时则可能出现判断失误。

5. 手感

观察高古瓷特别是唐三彩，手感是常用的鉴定方法。这是指在一件器物上手观察时，手掌和眼睛相配合而形成的一种预期感和比较判断。

最基本也最常用的是判断一件器物或轻或重或不轻不重的感觉，

少见的三彩马鞍扁壶,壶身有舞马衔杯浮雕

俗称"手头上有没有"。到底要"有"什么?要有那种根据器物的大小、胎体的厚薄、釉彩的覆盖面、胎质的粗细等形成的第一印象、综合印象,这个印象要符合经过千年变化之后此器应有的轻重分量。以往过手的经验积累,在这里就很起作用了。

过重或过轻,都不合适,就会引起疑问了。这个分寸尺度的感觉,同样是得上手上百件真品唐三彩后才能形成的,是一种经验累积形成的记忆。就在拿起器物进行观察的时候,如同电脑中的软件被激活,大脑会发出这件东西是合适还是不合适的信号。

一般而言,即便是刚出土的真品唐三彩,只要不是水坑中刚出的,多会有些发轻的感觉。但发轻不是发飘,只是会觉得比新仿器的分量轻一些。但如果是大件器,如三四十厘米的骆驼、骏马之类,也还是有一些分量的。因为稍高大的唐三彩，其胎壁自然要加厚，四腿要适当加粗，以支撑、平衡整器才能合度，拿到手中肯定会有一定的重量感。但若拿到手中觉得分量过轻，有发飘感，或是觉得坠手，要分外吃力才能拿起，则要提高警惕了。要么是石膏灌浆成胎，显轻发飘，要么是泥料是用机器研磨的，其胎体比唐代用泥的分量要重一些。因此，手头上的一件器物过轻或过重，都可能意味着并非真品。

这种手感和比对时的把握，同样依赖上手的经验，书本上是学不到的。但若读书学习和上手相结合，就会有意识地注意这种手头轻重的感觉。可见是否留心注意，需要注意什么，也是极为重要了。书上会列举需要注意的各项内容。有人也拿放大镜看，但不知该看什么，或看的地方不对，看不出名堂，那就是鉴定水平的问题了。看，要看的是开片、气泡、胎体、返铅等状态，是和自己形成的判断标准进行比对。若自己的判断标准先不可靠，即使看着器物对，实际上已是误判了。

站远了或许看不清楚，而拿在手上的老熟感，会在眼睛观察时有了更切实的感觉。这种老熟感是唐三彩历经千年以上的埋藏才有的特点。不管是新出土的还是出土了一段时间的，到代的唐三彩和近几十年高仿的或民国时仿制的唐三彩，都会有质感上的不同。尽管釉彩是明亮的，并没有破残的外貌，但久远时代的物器，自然会有一种令人陌生的，却又自性成熟的特质，一种被时间生养成的色彩、亮度、轻重、土沁、剥蚀、开片等都不同于新器，不同于汉代器，也不同于宋元器，是唐三彩独有的特别的气质。这一切感觉，源于观者对真品特征的过眼记忆。

一般来说，有脱釉、银片、密细开片、土沁、土腥味等老旧特征的唐三彩还比较好辨认、好判断。考眼力的是这些老旧特征不明显的唐三彩。釉彩很鲜亮，看不出残破，品相好到几乎挑不出毛病，这时候下判断就比较纠结。因为往往一件器物上，有一些特征是对的，有些地方又似乎不大对，这时候不是高手就不敢下判断了。怎么办？多等等，多看看，多看几次，细细观察，就会有了发现与判断。多看几次，看得细，则会少出现失误。

著者曾见过一件贴片绞胎马，没有明显的残破黏接，特别是内腔的胎色，洁白如新到让人不敢判老。而且这种十分少见的绞胎釉面，更让人不敢相信会是到代的真品。但若仔细观察，会发现此马的四蹄和底板明显是长期在泥土里埋藏而出现了粉蚀松软，并且釉面的微脱较圆润，有层次变化。这应该是绞胎马在地下站立时，渗进去的泥水仅仅淹到了这个高度，蹄子以上是在堂室中并未被土掩埋侵蚀的，故而才会出现这样的状态。再结合绞胎马的釉色、神气、开片、陨石坑、胎体气味、手感等方面，是可以判为唐代真品的。高仿的器物多是整器埋入地下，把底板和四蹄埋土而整个马身在空中几十年或数百年，是难以做到的。

实际上唐懿德太子墓出土的那件骑马拉射的绞胎俑也是贴面的，内胎也是白色的。弋戈《李重润墓"绞胎马"有误》（《文博》，1986年第3期）一文中指出："如果我们从马腹部的圆孔窥视，就会发现，纹饰和釉色仅仅是附着在器胎表面很薄的一层，而器胎却是纯白的，并不见有其他颜色的瓷土掺入。"

由此可见，唐代时有全绞胎的，也有用近似釉下彩方式制作的仅上一层透明釉的仿绞胎的，还有以绞胎做装饰的，或仅是绞釉的等品种。

到代的唐三彩，往往还有一种微显的釉润感，摸上去是润的，彩釉是光滑不涩滞的。有些人将高古瓷的这种特性叫"出汗"。实际上并没有水珠，也不像用湿布刚擦过一样，只是一种油润的感觉而

绞胎马头

丝纹极细密自然

马内腔干净

马蹄上有侵蚀痕迹

已。但是将唐三彩用水清洗后，特别是陶质露胎的地方，用手摸去，往往会有种微微黏手却又看不见的物质。这是老陶器，特别是汉代陶器用水洗后常会出现的现象。正是上千年在土泥潮湿环境中，被地下各种碱酸钙等元素侵染，才会出现这种状态。这恰是人工难以伪造的，往往当胎体一干后又成爽手的了。用胶之类的涂抹，是不会有这样的效果的，擦掉后也不会反复出现。

当然观察器物时还有一种称之为"软""硬"的感觉。相对来说，真品唐三彩都是手工制作，由于上千年时间的磨蚀，绝不会像新器那样拿在手中有刚硬浑滞的感觉。虽然造型硬朗挺拔，但器物表面尤其是棱角边沿处，总有点糠软的感觉。有的手工制作无法像机器产品那样分毫不差，往往会有不那么圆、不那么平整的微小的差异。但整器看上去，却又是周正合适的，规规矩矩的。真品唐三彩也一般不会有新器那种发"硬"、发"愣"的感觉。玩家常会说这件看上去发硬，有点生，显"硬"了。能感觉出器物的生、硬，已经颇有点眼力了。这是一种很微妙的感觉，但的确是有的，也很重要。没有了感觉，眼力自然不精到了。

如果器物上有裂纹，虽没有裂开，甚至不细看往往不会察觉，但拿到手上还是有点不浑实的感觉。若再轻轻敲几下，则会听出声音有开裂的那种嗡嗡声，和浑然无缝的完整器的敲击声是不同的，这种手感经验也很有用。

对于到代的唐三彩甚或宋元瓷器，用手拿放时，也有不能忽略的技巧。若拿法不当，往往会损坏物器。因为高古瓷多出自地下，受浸蚀或因历时长久，器物内里胎质已经发生了变化，有点发"糠"，质地远不如新陶瓷那样结实。一般而言，若是细长的立件，如瓶、壶、罐、俑、烛台之类的三彩器，要一手握拿器物的粗壮位置，一手托底，两手配合拿起。切不要用手抓头、抓瓶口、抓柄把地猛拿起，这往往会使物器出现断裂破碎的情况。若是三彩马、骆驼、走兽、大雁、山水盆景、柜、枕之类的物器，则要一手托起底座，或托起三彩马、骆驼的腰下开孔处，另一只手托着前胸或脖下粗壮处，绝不要用一只手抓马头或抓腿部便拿起。腿部这类细处是最容易折断的，保存了千年的物器在我们手里损残了实在可惜。

据一位考古专家说，他发掘的唐三彩器残破的多，尤其是马、骆驼等细腿的，腿多是残断的。仔细观察才发现，原来为了加固马腿和底板的结合，马腿中间有用铁丝或竹篾与底板相连接。一千多年的时间，唐时的铁丝或竹篾早已朽掉而形成了空腔，因而多会出现腿蹄是残断的现象。我们在博物馆中看到的唐三彩器，也多是残的或修补过的。如果看到无残无修的唐三彩，便要分外留心，仔细辨察。

所以在存放保管时，最好将唐三彩放进有防震功能的锦盒或木箱内，最好用布套住器物再放进盒内，取时用手拿布套的环绳，轻轻拿出，避免直接抓器物的壶口造成断裂。因为高古老器往往是上下两截，有的还是三截泥胎黏接而成大器的，例如壶、瓶等，时间长久的老器若用手抓壶口就拔起，便可能会出现裂断的现象。

6. 器型

唐三彩的器型识别，和对任何陶瓷器的器型判识一样，都是放在首位的。多位收藏家、鉴定师在谈鉴别陶瓷真伪时，往往说的是看型、胎、釉、纹饰、底款这五个方面。

唐三彩的器型多样而复杂，从功能上分，有生活实用类、陈设观赏类、宗教法器类、文房用器类、儿童玩具类、丧葬明器类，还有专项用途的如药瓶、脉枕，等等。从内容上分，有圣化人物和一般人俑类、神怪类、动物鸟禽类、建筑装饰类，等等。从器型上分，可以分为立件类、卧件类、组合件类等。

这么多种类、样态的唐三彩器，从另一个侧面也证实了唐三彩绝非只用作明器。但唐三彩和唐代的瓷器、陶瓷不大一样，是唐代初期出现的一种釉陶质地的新品种，是适应当时社会上的多样需求而烧制出多样类的产品。若是专作明器的话，不会有宗教类、文具类、陈设类、装饰类、玩具类等这么复杂多样的器物了。

唐代的三彩器无论是哪种器型，总体特征还是鲜明突出的，这就给辨识提供了依据。这种特征是唐三彩器物绝大多数都有的，如结构比例上的合适合度，明显表现出唐代较高水准的审美水平和表现能力。唐三彩器物无论是瓶、罐或俑，都呈现饱满、力量、雄健的态势，夸张却不过度，张扬又不怪异，匠人对于表现对象有着准确的理解和把握。

这应该是唐代文化繁盛、同时积极与域外交流互鉴的结果，从整体上提高了手工业者的技艺水平和审美能力。在唐代整个社会的技艺水平都比较高的情况下，某处的工匠若手艺差了，产品就卖不出去，就会没有饭吃。唐代的工匠精神和精良技艺，大概犹如今天德国或日本生产出的优质产品，所以才会流行于世界多国多地，那时人们才会带回去唐三彩之类的器物。

因而唐物之美、之精，形成了世界声誉和世界影响。唐代出现如此水平的唐三彩器物，绝不是偶然的，是多种社会因素相互作用才出现的现象。这样的时代形成的唐三彩，总有许多方面超乎我们的想象。人俑或动物俑倾向于写实，不管是低头的、昂头的、回头的马，一看就是马，绝不会和驴、鹿混同。其中有的马，甚至将雄性器官具象表现。这样的三彩雕塑品，在其他朝代都是极少见的。

唐三彩的写实风格

唐人的马和秦汉及魏晋南北朝的马不同,和宋元明清时的雕塑马也明显不同。唐马一般头小,眼球突起,耳朵尖耸起,脸部肌腱线条分明,前胸开阔,甚至到了夸张的地步,后臀肥壮,肌肉有力,短尾打结,腿蹄曲线收张。唐马不完全是处处精雕细刻,但马的眼、鼻、耳处和浑身上下又透着一股那么精神,那么威武,那么非同寻常的气势。三彩马像汉代石雕那般传神,有灵魂,有性情,有活物生气,但比汉代石雕更具象些,又不是宋元以降的雕塑那般拘泥于描形,突出了世俗生活的驾驭感和被驯服感。唐三彩骏马,以其生动堂奥的艺术性，赢得了世界性的声誉。

唐人并不是完全遵从生活状态写实的。骆驼都是土黄色或白色的，世界上从没有蓝色的骆驼，但唐代从波斯运来的蓝色钴料珍稀昂贵，烧成后会发出宝石蓝般晶辉的光色，可能是唐人心目中最美最爱的一种色彩。于是，匠人便烧制出了蓝骆驼、蓝狗、蓝罐，当然还有蓝色的砚台、盘子等三彩器。唐三彩蓝骆驼的样态极为美丽，令人不觉得怪异妖邪，反而对其欣赏不已。釉色和造型已完美地合为一体，造型以写实手法突出了骆驼的生理特征，给人以相信、理解、欣赏的基础，釉色则进一步突显了骆驼的形体美。

正因为唐代对塑形没有统一的标准，也似乎没有行业内统一的规矩，唐匠们便依据各自的师承传统，同时又发挥着自己的想象与创造，将个性物化在自己塑造的三彩器上，情感灌注进手中的雕塑品里。于是便有了神来之笔，有了造化天成，有了天马行空，有了龙马气势，有了夸张，有了饱满张扬，有了超乎想象的蓝骆驼。

唐三彩造型最突出的特点，还是形神兼备，以形传神，形神一体，圆足和谐，神气活现又不拘泥于细节的繁饰。而仿品尽管是1∶1按唐三彩真品压出来的模具，有的甚至是用3D技术分毫不差地设计出来的造型，几乎挑不出差异了，但就是缺乏唐代匠人最后用竹刀在马或俑身上的刻划几道的技艺能力。现在的仿者不是唐代艺匠，哪怕也用竹刀划了刻了，也出不来那种神韵，那种生气灌注，那种给形附魂的功力和手法，那种熟练的自然爽快与准确。仿品始终差那么一点，再做旧，其态型仍差那么一点。

今人异于古人，因为眼光、手法、师承等方面的差异，手里出的活不会一样，到底还是会给人看出仿品与真品的差别。这几乎是没有办法的事情，再加上一千多年的时间留在三彩器上的印痕，老三彩在外形上总是和新出窑的器物有着差异的。

唐三彩壁雍砚

蓝釉点花三彩罐

真品唐三彩是有自己的恪守的，虽不自言却处处显露着的造型上的历史生成感与唐人时代感。其价值之可贵，也正是因为这种不可轻易被模仿的特质和特性吧。

7. 返铅

为了提高器物的强度，烧制唐三彩一般要先烧一次不上釉的素胎，火候在1000—1100℃左右，求其胎体结实牢固。烧成的胎器再上彩釉，釉中多有铅的氧化物，烧成温度在800—900℃之间，烧高了不行，烧低了也不行，经验使匠人懂得温度保持在这个区间能使三彩釉面熔融渗化得最有成色。

为什么非要加铅氧化物呢？因为要烧成三彩的几种釉料，有的在1100℃左右才能融化，有的若到1100℃就失色了。加了铅的氧化物，则使器上的釉料都能在800—900℃时流动渗化，这是烧制唐三彩成功的不二方法。

因为烧制唐三彩必须要加铅氧化物做助熔剂，故唐三彩含铅是必然的，三彩器含铅量一般是35%—70%，普遍量在50%左右。含有大量铅成分的唐三彩掩埋在深土里时，地下的热量、水、压力、地磁辐射等都在器物上发生作用，埋在地下的器物自然就会发生变化。实际上没有什么物质是永不变化的，食物几个小时到几天就变质了，铁器、木器经过几年、几十年或上百年也会生锈变烂。在地底下埋了一千多年的唐三彩器出现的变化，有釉面开片，开片中呈现出污色，釉色出现变异，局部出现脱釉，陶质出现粉化等，其中还有一项明显的便是返铅现象。

返铅俗称"出银片"，汉代的绿釉器上最为常见，一般是绿釉表面泛起一层浅银白色的痂层，极薄，很难洗掉。这种浅银白色痂层，使器物显示出一种古物在历史中的变化感，一种年代久远自内外化的自生状态。唐三彩几乎多多少少都有返铅出现，这是个普遍现象，以至于有人说真品必返铅，无铅则为新，将此当作鉴别唐三彩真伪的一项重要标准。

但不同颜色的唐三彩的返铅程度是各不相同的。有的器物上很明显，釉面泛有银白色。有的釉面上看不出来，在隐藏处如缝隙间露出银白色。还有的器物表面上看不明显，但用百倍放大镜看开片裂缝处，晶白的返铅物质明显可辨。

釉面下所谓返铅出银的状态也是不尽相同的。釉层下开片的缝隙间，晶白的钙酸盐类生成物有的呈长线，有的呈短线；有的粗些，晶白物溢出了线；有的很细弱，时断时续，要仔细观察才能看得清楚。除了开缝处有晶白返铅物外，缝线以外还会出现一团或一条如

 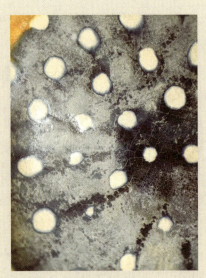

明显返铅的三彩器　　　　　　人俑返铅出银处

絮状的银白物质，像是雾云浮出并固定在釉下。自然造化所形成的状态，是没有什么固定形状的，很难罗列说尽。

《中国陶瓷史》中说："根据以上测试结果和考古工作者所提供的出土情况分析，这层衣实际上是一层沉积物，当铅绿釉处于潮湿环境中，由于水和大气的作用，釉面受到轻微溶蚀，溶蚀下来的物质连同水中原有的可溶性盐类在一定条件下就在釉层表面和裂缝中析出……这样反复进行下去，层次就不断增多，当沉积层达到一定厚度时，由于光线的干涉作用，就产生银白色光泽。"

绿釉上的返铅出银现象似乎比较明显，不仅是唐三彩，有些古庙古建上的绿琉璃瓦，才几十年时间，在光线合适时也能看到返铅出银现象。新烧制的唐三彩上是否有返铅现象呢？凡有了返铅出银的肯定就是唐代的三彩吗？这不是什么难题，只要在工艺品市场上找几件新烧制的三彩观察，如果用放大镜放大到100倍观察，便会发现新烧成的三彩也多多少少会有返铅的表现，但新三彩只有一部分有依稀的返铅晶白出现，并不是所有的新三彩上都很明显。

著者曾看过十多件新烧制的三彩器，其中有已放置了一二十年的，也有才摆上柜售卖的，其中返铅出银的有七件，其他的特别是刚出来的新三彩，则难得看见晶白物的出现。

真唐三彩有釉下晶白出现，但新三彩，即使是放了几年的新器物，用放大镜看，釉下缝隙间也都是有晶白的，切不可以将返铅作为判老的标准。

新三彩即使有出银返铅，也和到代的老器物不一样。晶白物的银层很弱，而且很稀薄。不过，现在高仿在开片、返铅、器型、胎质等方面都有了技术突破，真假愈发难辨了。以新充老而谋大利的唐三彩器充斥市场，须小心辨别，谨防打眼上当受骗。

著者还曾在古玩店看到一件斑驳残老的唐三彩花叶盘，边沿有破损，脱釉处的过渡也很自然。细看釉面密布着极碎的开片，开片还有变化，返铅的银片也很明显。有些地方还有蛤蜊光，器型也没有问题，釉色也看不出有什么毛病。总之，一件唐三彩应有的真品特征都出现了，连手头的轻重都很合适。但再细细观察，发现返铅的银片过于明显，蛤蜊光也过于明显，似乎是涂抹了什么东西，有了和真品不一样的厚度，它是浮贴在釉面上的，于是可以判断这是一件仿品。这种仿品故意做出真品的特征，正是为了让人误判以为是到代的真品，把数百或上千元的工艺品要价几万甚至几十万。

但即便仿得再像，千年时间的生成感、老熟感、自然感也是没有办法在短短几年时间里形成的。千百年里陆续形成的返铅开片，和突然短时形成的返铅开片还是有差别的。多看真品，也看看仿品，

仿制的三彩花叶盘

仿品的蛤蜊光浮在面上

仿品开片细碎还微起翘

人为制作的脱残已经变色

便会从对比中发现差异与区别。仿品之所以能迷惑人，就是很像真品。但仿的痕迹总不能一点不留，总有差异，若能看出仿的痕迹就容易判断了。

8. 土渍

土渍包括唐三彩久埋土中所产生的土沁、水痕、色染、蚀粉、钙化等多种在地下环境中发生的变化。

凡是在地下埋藏数百上千年的古陶瓷器，几乎没有不发生土渍变化的。如果是在半干半湿的南方环境中，土壤里含有酸性物质丰富时，器物不仅表面釉层会大块大片脱落，甚至胎体也会出现蚀裂，严重的还会成为一堆碎块。而在北方黄土地里深埋的陶瓷器，大多数也会受土壤里各种元素的影响而出现钙蚀变化，或土沁结痂，或有黄、红、黑等色污，或出现蚀点、蚀斑、蚀洞等现象。因此，土渍是可以帮助判断陶瓷器新老的一个方面。

作伪者在土渍方面也有方法和技术，最普通的是抹污泥，或用胶黏土灰、根须之类的方法，不过这种方法用了多年，易于识别，现在不多用了。有些烧制三彩器的匠人说，新烧制的三彩器十多年前就有埋在泥土中的了。经过七八年或十多年，必然和放在自然空气中的三彩器有所不同，具有更大的迷惑性。

老唐三彩尽管釉彩光亮，土渍痕迹总是会存在的。有的渗入开片中，显出灰白色或土黄色。有的土渍较明显，有的则不太明显，甚至因釉层密实而少受土气的沁蚀。但老器上的土渍很顽固，如俗话所说的"吃胎"。若用湿布擦掉后，过不久又会显出土渍来，反复多次也清理不干净。这正是多年地埋才能形成的状态，说明器物在泥土里至少有数百上千年的时间了。埋在土里十年八年形成的土渍，

这种程度的残破很少见

头像脱釉严重

或人为才做上去的土渍，是容易清洗掉的，顶多一两次或两三次便露出器物的釉层。时间短必然吃胎不牢或吃胎浅，仅仅是在表层发生了变化，内胎里仍然是新的。老三彩上的土渍通过开片暗缝或釉下的泡孔渗入了釉层，也有的是胎底受沁而出现在釉层下，用放大镜观察会发现透亮的釉层下已变成杂色斑斓的状态。仿若是雾状，又像撕得不匀的棉絮，颜色也不是一色成片，而是混合杂色，有种不可言状的无规则形态，这种状态说明不是短期内形成的。

土渍痕迹还有一种俗称"陨石坑"的现象，在唐三彩器物上较为普遍，在别的彩釉器上则少见。它是指在釉面上或散稀或较密集地出现如小米粒或绿豆般大小不一的凹下去的小坑，小坑内还多少

十四　唐三彩真伪鉴别的标准　　237

唐三彩蹲狮

狮身上的陨石坑及蛤蜊光

藏聚了土垢。可能是烧造时釉内气泡顶出了釉面，却又被烧熔的流釉溢住了，因而形成了凹下去的小坑。这些小圆点凹坑不是一样大小，有的大点，有的小点，大大小小自然出现。当然也有的器物上凹陷的陨石坑是大小比较均匀的，并非绝对有什么标准。凹陷的陨石坑多是不透不深的，因为釉层不会特别厚。

如果形神、胎质、开片、釉色等方面都对，再发现三彩器上有陨石坑这类土渍，则多了鉴别的一个方面，真品的可能性就大一些。

但陨石坑和用酸咬的凹坑要注意区分，用酸咬过的凹坑一般大小比较均匀。更重要的是，细细吸闻用过酸的三彩，多少总会有化学药物的残留气味。但现今的造假手法更迷惑人了，先用稀酸咬，再用上光机，有的还放蜜食类形成虫附的痕迹，有的形成了树根抱生痕迹。都是尽量做出历久老器的特征，给识别鉴定又增加了难度。

这种俗称"陨石坑"的现象在唐代三彩器物上较为多见，在别的时代的釉彩器物上出现的则较少。为什么会出现这种现象还说不清楚，这可能和唐代三彩器的用料、工艺等方面有关系。

唐三彩器久埋土中受沁，露胎部分受渍的程度会更明显些。虽然胎显老化，但胎色的变化并不都特别明显。如收藏鉴定家丘小君所说，胎体表面上多多少少总会有些粉化的现象，擦拭时也会有土粉掉落。若是胎体上有土渍形成的痂块或痂片，清理时也往往会一块一片剥落，胎上的土渍味也会比上釉的部位明显些。

胎上的土渍味是一种俗谓的土香气，之所以称为土香气，是因为唐墓多埋在据地表几米深的黄土里，深处多是未搅扰过、未污染过的干净黄土，加之上千年地下无氧无菌的环境，器物上不会出现明显的腐臭味、化学药品味、怪异的苦涩味等气味。干净黄土略带腥气的土味是不难闻的，故被玩三彩的人称为土香气。

但除了土香气外，还有的唐三彩会散发沤腐的墓臭味。也有的出土了几十年，即便用水沾湿也嗅不到明显的土气味了，这就要仔细去判断。真品唐三彩的土渍味，受潮见水后特别明显，并在风干后再次见水时又反复出现。但随着离开泥土环境，在自然空气中几年或几十年，气味会慢慢减弱，乃至逐渐消散。

这种反复出现的土味，也是鉴别新老三彩一个重要的指标。据说新仿三彩用药物形成土香气，也出现了造假的新技术。药物形成的土香气和真品土香气总是有差别的，凭经验还是可以分辨的。

《中国唐三彩收藏与鉴赏》中介绍的方法值得注意，也可作为鉴定的一项内容。那就是唐三彩内腔中若有聚结成团的泥块，且泥块已经脱离唐三彩内腔，摇动时有响动，却又掉不下来，如果其形态、神韵、开片、釉面等方面过关的话，那么判断真品的把握就更大一些了。腔中成团泥块却又不脱落的这种状态，要仿造就比较费劲了，但或许仿造的高手正在想办法解决这一难题。也许等这本书面世时，这个特征又被造假的做了出来。

小唐三彩仕女俑

内有活动土结甩不出来

9. 蛤蜊光

蛤蜊光并不是唐三彩独有的，彩釉器若上了百年，像明代的釉上彩，清代的粉彩、斗彩、五彩瓷器上都多见蛤蜊光，山西一些古庙的琉璃瓦上也能看到蛤蜊光，可知蛤蜊光是老彩釉因时间长久而自生的变化。因而许多人也将唐三彩上是否有蛤蜊光，当作一项判别新老的标准。

如果说30多年前，凭蛤蜊光鉴别新老还有用的话，那么现在造假者已经有多种方法可以做出蛤蜊光了，因而要分外当心。一些造假仿古者用"电光水"或真空镀膜法造出的蛤蜊光很是蒙人。景德镇的仿古瓷器厂也改变了配方，刚出窑的新五彩、粉彩瓷上就已经有了蛤蜊光。故而有些老玩家说，1980年前见到真品的可能性在90%以上，1990年遇真品的可能性在50%—60%左右，近一二十年来，大概只有1%或0.1%左右了。

含铅的釉上彩瓷和低温铅釉器，外部状态会随时间而发生变化。其釉彩之上似乎生养出一层膜状物，时间久了，在光线下或是晃动中，会放出五颜六色的色光，这就是玩家所说的蛤蜊光。这仿如海水里蛤蜊壳上泛出的光亮颜色，给人以异样的视觉感受。这种多彩光晕的光色似乎会迷幻变色，是多种光色融合且一动就变幻的一种宝光。生动、灵动，若隐若现，闪烁明灭，若有又无，会随着器物的变动或光线的变化，光晕时大时小，仿若自有灵性一般。

以前收藏唐三彩的人，多以器物上有无蛤蜊光来判断新老。一般认为没有一二百年时间或更长的时间，难以形成蛤蜊光晕。实际上用不了那么久，十多年前烧出的新三彩上，便发现有蛤蜊光了。但真品唐三彩上的蛤蜊光，是深浅不一有过渡的，而仿品的过渡就不明显。一般来说彩色上的蛤蜊光较重些，离彩色远的蛤蜊光浅淡，也就是说具有自然生成的生动性和丰富性。而人工新制的蛤蜊光则不自然，会出现一片突兀状，没有浅深过渡，似乎能看出涂抹状态，因而不会像老器上天然生成的蛤蜊光那样灵动、不滞板。人工新制的蛤蜊光有一种呆板、死板的感觉，而真品的蛤蜊光会显得内敛，折射光天然蔓延。与釉彩距离的远近不同，会呈现出浅重不同的状态，这是明显可觉察分辨的。

人造的蛤蜊光圈比较粗大，有涂抹的成片状态。浓彩周边的光晕和浅彩边的光晕，因是短时形成，多为一致而无区别。因为它无自然的过渡，色相不丰富，就会显得死板、呆滞，有的还有些刺眼。对比之下，人造蛤蜊光没有真品蛤蜊光那种灵动、跃幻、活泼、厚深的特性。真品蛤蜊光看多了，自会分别真假蛤蜊光之间的差别。

蛤蜊光并非都是那么明显的，有的唐三彩真品上，甚至看不到有蛤蜊光的晕彩。还有的唐三彩器物上，随处都可见蛤蜊光，连内釉上都有蛤蜊光，即使不晃动三彩器也能看见。也有的三彩器上只有某些部位可见蛤蜊光，而其余地方是无论如何变换角度也看不见蛤蜊光的。天然造化生成的蛤蜊光，真是自然随意的状态，有点无规律可循了。

釉面上的蛤蜊光　　釉斑上的蛤蜊光　　变幻的蛤蜊光

这有些类似收藏者常说的那种珠光宝气。往往在不经意之间，光线角度合适了，平常发现没有蛤蜊光的器物上，突然七色光闪，出现了蛤蜊光，令人兴奋目眩。

古物收藏的乐趣，也在于通过器物与古人对话时，总有新的发现、新的意外出现。实际上，唐三彩上的蛤蜊光分布，也往往不是如一些藏家所认定的那样绝对。著者曾见过一件绿绞釉的小桌案，桌面和底板是同一种釉色，但上面的蛤蜊光与底板的蛤蜊光发色就不一样。还有一件唐三彩的花鸟盘，盘子上了彩釉的一面，无论是有色块处还是无色块处，都没有明显的蛤蜊光出现。而此盘的底部，没色块的地方，却通体都显出了紫、蓝、金、黄、红等多色闪烁的蛤蜊光晕。这和某些专家所说蛤蜊光是依附釉色而发光，恰恰相反。

唐三彩盘正面没有蛤蜊光

唐三彩盘底部的蛤蜊光

人们对唐三彩的蛤蜊光还说不透彻，其生成的多样性与复杂性还有待继续探索。那种说色块处蛤蜊光会明显色重，而无色处蛤蜊光色显浅或没有的说法，并不能涵盖所有的三彩蛤蜊光的发色情况和特点。

因此，收藏者不能偏听偏信一些专家的说法、书本上的说法，或网络文章的说法，诸如真品上的蛤蜊光可以用手机拍下，仿品的蛤蜊光则拍不出来之类。盲目相信所谓专家学者或名气大的大咖们，往往会陷入迷惑之中。即便是博物馆中的三彩，也只能代表这一件或这一类唐三彩的特征，并不代表凡和这一类三彩特点不同的唐三彩就都是伪品、仿品。

我们要明白这个道理，知道所有人的认知都是有限的，专家们不知地下有多少谁也想不到的器物。只要看东西本身的气息、特征、状态，东西本身是不会撒谎的，但人却是会言不由衷的。我们得承认自己认识的有限性，怀疑自己的自以为是，也怀疑别人的自以为是，不能盲信盲从。多从实物出发，多见多闻，理智思考，大概才能使自己的认识和判断更可靠些。

10. 釉内气泡

以釉内气泡鉴定瓷器的新老是颇有争议的。一些人认为气泡绝对具有判断瓷龄的作用，将其作为判别陶瓷新老的重要标准。使用放大镜特别是用100倍以上的放大显微镜，主要就是看釉下的气泡，如气泡的有无、大小、多少、密度、颜色、亮度、层次、深浅等。

还有些人认为气泡不足以说明问题，甚至认为老瓷的黑水坑、黄水坑气泡，即所谓的"臭干黑"气泡，也都是人工能做出来的，因而只能作辅助性参考，不必太当回事。

在论及唐三彩釉下气泡时，有些人更是绝对。有人在网络上著文称唐三彩绝无气泡，凡有气泡者必是后仿品。实际上气泡的生成原理并不复杂，胎泥和釉料中的水汽在窑火高温下开始运动汽化，被釉面阻挡，便在釉下或釉里形成不同层次不同大小不同亮度的气泡了。

唐三彩的胎泥里、釉料里，就没有一点水汽吗？物理规律在这里就不起作用，烧成的三彩器釉里和釉下就看不见一点气泡吗？事实不是这样的。真品唐三彩自然也是有气泡的，用100倍以上的放大镜便能发现气泡。

但到代唐三彩釉下或釉里的气泡确实极为稀少。若和宋瓷、明清瓷相比，可以说唐三彩釉层里的气泡，少到了可以数清数目的程度。而且每件唐三彩的气泡情况也不相同，有的气泡会稍微多一些，但多一些也是寥寥可数，不会出现密集成片的状态，有的也会稀少些，当然，更多的唐三彩釉下几乎看不见气泡，也可以说这类三彩器上就没有气泡现象。

同一件唐三彩上的气泡，大小也是不均匀的。有的地方气泡大些，有的部位气泡小些，有的区域气泡深些，有的则气泡浅一些。可见是在气泡翻冒过程中器物烧成了，火停了，气泡便在它最后运动的那个位置上固定了下来。

至于唐三彩为什么气泡很少，为什么多数的三彩上甚至没有气泡，至今没有得出科学的令人信服的解释。这可能和当时的器物胎体晾放得较干，含水量极少有关系。也可能和有人说的当时使用热熔法或干粉施釉法有关系。胎体和釉层里的水分少，自然烧成器的气泡就稀少，甚或就没有气泡了。

也有人说出窑后三彩器的开片与气泡仍在变化，只不过气泡消失的过程长些，经过一千多年的时间，气泡没有了或变少了。如烧瓷的匠人所说，龙泉青瓷出窑后遇冷空气，瓷器霎然开裂的脆响声能响十二个小时左右。但此后瓷器半年左右能响一下，再之后大约两三年又响一下，而开片脆响是一直不断地继续着。

釉内气泡和瓷器开片一样，也是不停活动着的，只是过程缓慢而已。这当然算是一种解释，时间更久远的汉代釉陶器上，也是少见气泡甚或没有气泡的。这或许是因为唐三彩已经出窑太久，气泡消失得几乎看不见了。

新仿唐三彩器上也是有气泡的，气泡也有大有小，有深有浅，浮在不同的位置。并不像有些人说的，新器气泡密集，大小一致，没有老瓷上气泡大小不一或大小并存的现象。

看来仅凭气泡就判定瓷器的新老还是存在疑问的，不能那么绝对。但气泡的变化，的确有助于判断新老，陶瓷在泥土里埋久了，地下泥水中的一些物质会渗进胎里，或釉里的缝隙处、空洞处，气泡自然会变颜色。发黑或发黄都是年久受沁的结果，所以将气泡作为判断入土时间长短的一项参考指标，还是比较可靠的。

但有人说造假者早就利用了这一点，将陶瓷上的气泡戳破，或用稀硫酸、茶叶水等浸泡，染上了颜色，弄进去污物，老旧感就出来了，迷惑鉴定者。但凡造假的状态和自然出现的状态总是有差别的，细心观察都会发现漏洞。

因为唐三彩器物上的气泡洞是有深有浅的，而且自然生成的气泡往往有晶化泛白现象，多是口小下面大。把气泡全部戳破染色，并非一件易事。戳过的气泡洞眼，也和没戳过的有所不同。况且若釉下出现没有染色的气泡，只有戳破的气泡可见染色时，便容易分辨是新器了。气泡变色的并不都在釉面之上，自然生成的状态是颜色深浅不一的。而故意染色的颜色多为一致，没有差别变化，人为仿造一定会露出一些破绽。

11. 底板

关于唐三彩或唐代陶瓷器底板的特征已有多种论述，如唐代的瓷器多为平底、麻砂底、线割底等，圆器的足底边沿会斜割一刀作出坡面，如碗的玉璧底、圈足底，等等。

这里讨论的主要是唐三彩中的马、骆驼、走兽等器物的底板，这是一个人们认为不太重要，经常忽略的鉴定指标，但实际上在鉴定时，还是可供参考的。

唐三彩中的马俑、骆驼俑、走兽俑等，都有底板或底座，主要是便于放置，并起到强固俑器的效果。试想若是仅有四足着地，则容易摔断折毁了。唐三彩底板的形状也是比较随意的，没有一个统一的标准模式。有长方形的，有多边形的，有菱形的，有近乎正方形的，有的还有缺角的，有椭圆形的，有空心圈形的，等等。这样的多样性，显然是出自多地多窑的多位匠人之手。

但真品唐三彩的底板一般比较薄，有的薄到让人担心是否能够支撑器物的程度。这一点令一些仿制者为难，因为初期新仿唐三彩的底板都比较厚重，做得薄了烧时会增加废品率。当然真品唐三彩的底板也有比较厚的，但厚的较少见。不过底板厚薄是相对来看的，大器的分量沉重，自然底板也会厚重些。但总的来看，唐代的底板显得薄一些，可见当时的烧造工艺是很出色的。再一点就是真品唐三彩的底板，还多发现有些变形的状态，如底板凹下或拱起，有的边角翘突等。

近年来，仿品唐三彩的底板也开始烧造得比较薄了。不像前些年的仿品那样又厚又呆又规整，让人明显能看出与老唐三彩的不同。仿制唐三彩不断向真品靠近，仿品的迷惑性越来越大，防不胜防已是常态了。

唐三彩底板一般是不上釉彩的，但会发现有的底板上有烧熔时滴

十四　唐三彩真伪鉴别的标准　　247

唐三彩圈足

少见的分离平行底板

下的釉滴。因不上釉彩，底板便会被沁蚀而变得发软发糠，如收藏家马未都所说用指甲便能划出痕线来。相对于釉面来讲，底板上的老旧风化状态是较明显的。因为釉面有釉彩保护底胎，胎体保存得很好，少见脱釉和蚀斑。但底板上无彩，总能看出较明显的物态变化，这一点有助于人们判断唐三彩的新老真伪。所以判别唐三彩时，务必要仔细观察底板，会发现新老器物因时间长短所发生的变化痕迹的不同。

12. 敲击声音

鉴定陶瓷的人经常一手托起器底，一手用手指弹敲器物，听声音进行判断。实际上弹敲者主要是通过声音判别器物有没有裂缝或暗伤。因为陶瓷器的价值，特别是市场流通的价格主要是看品相而定。若有暗伤、明伤或裂纹，则价格就要低很多了。

但不少人，在鉴定唐三彩新老时也会敲弹器物，通过声音判断新老程度。实际上敲弹器物时声音上的差异，并不是那么明显的。因为声音的区别，与陶瓷的质地是有关系的，但在多种因素的综合作用下，不是经验特别丰富、经手特别多的收藏老手，且不是耳音分辨能力不一般的人，是很难明确分辨其中有什么差异的。

不过听声音辨器也有一定的作用。道理很明显，不同时代不同地域用不同胎土和不同工艺烧造出来的唐三彩，会和一千年后新烧出来的器物在质地上有明显区别。器物的密度不同，烧结程度不同，特别是放置了千年以上的唐三彩器物的内部会不可避免地发生变化，往往会出现糠化的现象。一般说老三彩器手头发轻，不会死沉压手，便是这变化的结果。

同样，这样的唐三彩用手敲击时，发出的声音和新仿的三彩器是不会一样的。老三彩发声一般会显得沉闷、发木，如弹敲端砚那

十四　唐三彩真伪鉴别的标准　　249

国外藏家收藏的三彩器

样发出闷声，不太会因胎体密实板结而发出脆亮的声音。发闷、发木的声音，与有了裂缝的带嗡颤的声音也是不一样的。若觉声音颤动，则要仔细查找暗缝，拿放都要格外小心，最好双手稳拿稳放在有软垫的盘子里观察，以免因拿器物时受力不均匀而发生开裂的情况。

也有的唐三彩胎体瓷化程度高，即所谓的类似刚胎的唐三彩，釉彩质量也好，物器在土里的环境条件又是出奇的好，因而敲击三彩器时，声音也会发出结实无糠的刚硬声。但这并不能说明此器就是新仿的唐三彩，还需要在多方面按照多项指标进行综合性的比对观察。仅凭敲击声音发木或脆亮，就判断出新老真伪，往往是靠不住的。因为即便是同一件唐三彩，如马、驼、罐、盘等，敲击不同部位发出的声音也都是有差异的。故而对听声判器，尤要谨慎斟酌，反复听辨。

13. 内膛

新仿唐三彩器物的内膛，很容易模仿老唐三彩的工艺进行处理，也会出现手指按压的痕迹。故而仅凭三彩器的内膛状态进行判断，是需要格外当心的。

不少专家写书或在网上写文或录制专题讲座视频，多会说唐代的三彩器如马、骆驼、仕女俑等，内膛都是有手印的，因而没手印的多为新仿品。

到代真品的老三彩一般不会没有手印。唐三彩马、骆驼等多是模制，两片黏合而成一器的，因此在内膛黏合压模的接合处，往往还可见有一条起到加固弥缝作用的泥条。但有的唐三彩有加固泥条，有的没有，不能以此来判定真伪。这类唐三彩多为模压成型，压模时为了让胎泥瓷实，外轮廓造型清晰，所以会用手指按压，来回压着抹动，留下了手印的痕迹。但这种手法很容易模仿，且古人的手指印和现在人的手指印并没有多少区别，内膛有手印痕迹的唐三彩并非都可判定为真品。

老唐三彩也有内膛较为光滑的，可能是工艺更讲究一些。在用手指按压后，又用刮板或刮刀之类的工具，在内膛面上划压了一遍，将手指印抹平整了。并不能说这类内膛无手印的唐三彩，就不是真品。

还有一些唐三彩的内膛，光滑匀整到几乎和注浆的成型器一样，特别是有一些这样的搅胎细路货。但不好肯定这是晚唐或五代的成器，或许唐代也有注浆的成型工艺，只不过现在人们还在争议，没有肯定的结论罢了。

有些唐三彩也很像是灌浆成型的，内膛就没有手指印，也没有刮板印。对此也有不同的说法。一些专家说,唐代之前就已经有灌浆成型的陶瓷器,唐三彩有此类器物是师承传统,没什么可奇怪的。也有一些专家很绝对地说,灌浆器是近现代的工艺。古代器型若是灌浆成胎,必是现代仿品,不可能是到代的唐三彩真器。这个问题至今还没有一个公认的标准,因而还需要继续研究去寻找答案。

唐代前还真有陶器是灌浆成胎的,著者就遇到过,此类器物并不少。唐三彩中有灌浆成胎的也是有可能的,应注意的是型、釉、开片、铅化现象等是否吻合到代唐三彩的特征。

还需要指出的是,真品唐三彩的内胎不同于新仿器,一般会出现变色,变色也不是那么均匀。发黄发灰,胎色有变,总是千年时间形成的印记,但做假的人往往用污泥水涂抹以求变色,凡遇明显的抹上了污泥的便要分外留心了,因为真品上一般不会出现这样抹泥的状态。有泥土也不呈现较平滑的样态,而是结块,并在泥块上有不平整的像蜂窝态的土粒状。非粒状结块而涂抹泥巴的,往往是刻意做旧的标志。

唐三彩内胎

内胎上的土粒层

14. 异形器

唐三彩精品在国际拍卖中动辄上千万，国内虽不允许唐三彩拍卖，但私下转让却始终无法禁绝。一些大城市的古玩城里时不时有唐三彩出售，在许多地方每星期赶集式的地摊会上、很多城市不间断举行的宾馆文物"床交会"上、鉴宝类节目中，我们也经常能看到有人拿唐三彩让专家鉴定，这些器物的来路也多是从别处购买的，且价格并不便宜。

正因为唐三彩真品较稀少，所以在市场上到处都能见到新仿的三彩工艺品出售。有些造假者将新仿品做旧，按唐三彩真品出售，其价格是市场上唐三彩工艺品的几十倍甚至上百倍，很多收藏者都打眼上当了。

上当者多是购买了器型特异的唐三彩，因为收藏者都能以收到极品、绝品，最好是孤品为荣耀。一些收藏家总说物以稀为贵，据说只有几十件存世的陶瓷如汝窑官瓷等都是天价，故而异型的极少见的唐三彩自然也价格昂贵了。

当然，唐三彩中也确有难得一见的异形器，如高大色艳的展翅孔雀，鸟型昂首开口的异形水注，还有色彩稀见的黑马、绿马、蓝马、怪异的花瓶，等等。

切记，越是面对异形器越要细心和冷静，不要被终于发现了珍宝的喜悦所左右。最好不要头脑一热就交钱买了东西，成交放慢一些，冷静一些。再仔细看看，不要光看那些是真品的特征，还要观察那些一时忽略的细节，就会比较客观理性了。

也切记，一定要排除卖家或他人的干扰。在别人不停说话的干扰下，受骗上当的可能性是较高的。

须知三彩器中的异形器那是极少数，如抬腿舞步马之类，不那么容易碰到。又如两头翘起的三彩脉枕，也较为罕见。见到异型器时，在动心兴奋之后，还是要冷静观察，以免误判，吃不准时最好先不要买。

不过唐三彩中还是有不少器物是有点怪异的，和其他任何时代的器型都有不同。例如唐三彩中的龙多为短身，双角，是走龙，和后世那种细长蛇形的龙明显不同。唐三彩中的狮子多有平嘴平鼻的，和前朝后代的狮子脸部也都不一样。唐三彩中的麒麟，也和我们常见的图像或雕塑品上的麒麟形样不尽相同。这正是唐代特有的风格和特点，不能因为和前朝后代有差异，便认定是伪仿品，反而正是这些独有的特征，才是判断时代差异的依据。

鉴别真伪唐三彩的方法还有很多，都有一些可靠性，但也有

绞釉三彩脉枕

唐三彩花篮

一定的局限性。如器物内膛泥块状态鉴别法，釉彩光点聚光鉴别法，化妆土土沁鉴别法，唐三彩分段黏接鉴别法，唐三彩分部位结合鉴别法，唐三彩釉彩流熔观察鉴别法，等等。但如果记不住那么多鉴定标准，最好是从器型神韵、釉彩开片、胎质老化这几个方面去观察。这几个方面比较有把握时，再从其他方面一一判别真伪。上手多了自然会有经验，经验和悟性是眼力提高的基础。据考古人士说，出土的唐代唐三彩器物很多都是破碎的残器，这一点无可置疑。在博物馆中展出的唐三彩也多是有残有黏有补缺的，收藏界所说的全品相也确实比较少。但有的鉴定专家在网络视频上说，凡是唐代三彩真品，全是残破器，凡是见到完整的唐三彩器，不用再看，必是假的，是仿品。这又绝对化了。中外那么多博物馆中的唐代三彩器，特别是国内数千件唐三彩，如陕西历史博物馆、西安历史博物院、陕西唐三彩艺术博物馆等，还有早年不是从墓葬中出土的多类三彩器，明明也有不是黏接而成的浑整的唐三彩，这些就都是仿品吗？这种少见寡闻而信口开河的某些专家，不负责任，是很误人的。

学习的人也要动脑筋，多去博物馆中看器物，莫听到别人说什么就信什么。网络视频上的很多所谓专家学者，很多鉴定的视频讲课之类，是要打问号的，是鱼龙混杂、良莠不齐，并不那么可靠的。

15. 鉴定与心态

这个案例发生在五六年前。一位极有鉴真经验的老手，收了一匹白釉挂蓝三彩马，其神韵极其开门，马头部肌腱突出，浑身丰腴饱满，也颇有动态。马的后背上也有土渍，底板虚软，指甲一刮便出现粉末落下，开片也极细碎。用高倍镜看，釉下几乎无气泡，而

十四 唐三彩真伪鉴别的标准 255

让人误判的三彩仿品

且可见返铅的白色晶片和晶线。以多年过手数百器的经验，他收藏了这匹仅有几道黏缝的唐三彩马。请技工修复时，他和技工都觉出了问题。色彩的搭配和常见的有差异，尽管釉面也有熔融互渗处，但明显有非唐时那种习见的釉融互渗的流痕。误判了，以假当真了。不知是何处的高手，竟然把真品才有的多项特征在这匹三彩马上实现了。

不少专家讲唐三彩若无气泡、有返铅则必为真品，可这匹白马，即这件新仿品，或是以真品残土制成泥胎，或是用了经过长时间淘洗、陈腐后的高岭土，只不过在地里多埋了几年，再经风吹日晒雨淋而形成了古旧气息。这匹马做了精细的手脚，甚至还可能通过X光

马上的贴花很逼真

马尾处有土渍

马身上的釉彩也互熔

机几次人为改变了^{14}C。其造假技术达到了从未有过的程度，无气泡、有返铅的特征全做到了。

因此，尽管经验是极其重要甚至是最重要的，但经验总是有限的，不能囊括一切。一个人不可能过手所有的唐三彩器物，并非一己之见就是可以鉴别所有器物的标准，也并非不断改进的仿品技术都是那么容易一眼识判的。

这样的新仿品还在不断出现，上当的人多了，市场就会萎缩。不仅唐三彩是这样，近年来古玩市场的冷落和倒闭店铺的增多，已经说明了这一点。

为什么有经验的老手有时也会打眼呢？真伪鉴定，常常与心态有关系。实际上保持正常心态是很不容易的。现在的鉴宝类节目很多，所起的作用是有正面也有反面的。他们很有点产业营销的架势，以金钱为吸引力时，往往会使很多人误入歧途。

一位持宝人花了几百元买了个铜钱，鉴宝会上专家判断为稀有真品，估价是十五万元。专家说的也很有道理，同样的只不过品相稍好一点的一枚铜钱，在某次拍卖会上拍到了三十万元。这枚铜钱就算少一半，也要值十五万元吧。于是全场欢呼，持宝人更是惊喜捡到大漏了。多少买古玩想发财的人都是这个想法哇，这会刺激多少人去继续捡漏。

实际上，某次拍卖会上铜钱拍了三十万元就是那么一次，是全品相的一枚铜钱。持宝人手里的这枚铜钱能上拍卖会吗？根本上不了拍卖会的。就是品相极好的一枚铜钱，因为已经有过类似的拍卖，也不一定就能再卖同样的价了。这枚声称值十五万元的铜钱只能是私下转让了，就是 万元或几千元会不会有人买都要打个问号的。电视上的鉴宝节目让多少人跟风去捡漏，都抱着捡漏发财的心态，能不上当吃药买假吗？

因此，在拿到器物的那一刻，若先有了倾向，或以为捡到漏了，心里窃喜，便会怎么看都觉得是真的，找不出破绽。或者是很信任卖东西的这个人，他以前卖出的器物还都是真品，这次便觉得无须再仔细多看这件器物，觉得他的东西不会有假。或以自己的喜好与需要，轻易对一件器物便有了倾向，就是想买，以为奇货可居，便忽略了器物上那些不支持自己喜好的特征，失去了冷静、理性的判断。或以为凭自己的经验就能鉴别所有的三彩器物，和自己已有收藏的三彩器不同，和自己已有的记忆、经验、想法不同，便认为是假的。或太相信自己的经验了，不知道自己的经验还有局限性，以自己的经验为绝对的标准、唯一的鉴定指标，不一样的就都排斥，便就有可能出现了误判。变化，是停不下来的。意外，似乎会是常态。

很多疑惑与问题都还没有解决，我们所知的很可能只是冰山一角或两角。面对每一件器物时，时刻要保持理性与谨慎，细心、冷静、客观，才是正确的心态，才可能减少失误。

贪婪的想法、一夜暴富的想法、粗心大意或掉以轻心时，往往会使人甚至是有些经验的人出现误判。

玩家应有的心态，是喜爱，是懂得审美、欣赏，能承接、理解器物身上的历史信息，而不是单纯以买卖赚钱为成功、为快乐吧。

后　记

　　1996年在日本爱知大学讲学后的例行招待会上，一位日本学人说周代祭祀中父系和母系的祭品的不同他搞清楚了，但祭品下面垫的神草有什么区别他还在研究，请我指教说明。

　　我说从《山海经》等古籍中我们得知，中国古代祭祀用的神草有白茅、菖蒲、萱草、莞草、蘋、藻、艾蒿、荷等，用萱草纪念母亲是众所周知的，其他的怎么区分就不清楚了，我还没有做过这方面的研究。后来在国内的学术会议上我多次请教过许多研究这方面的教授、专家，但还没有人研究到这么具体细致的程度。

　　《唐研究》第十五卷（北京大学出版社，2009年）上有罗杰伟的文章《权威的象征——谈唐与辽代的四件银器》（"The Symbolics of Authority: Four Cases in Tang and Liao Silver"），人们以前只重视那只鎏金舞马衔杯银壶的工艺绝美，但实际上，这件器具的典礼用途不仅体现了唐王朝政治权威的强化，也展示了唐王朝无与伦比的创造力。作者通过对一件银壶的分析，让人切实体会到了唐代宫廷政治生活的历时隐秘和具体运作。

　　在宏大叙事广为流行的当下，这种具体的细化研究实有必要，也是学界不可或缺的。日本、韩国能对我们的古典礼仪进行复原再现，以致清华大学的教授都要去韩国观看、记录礼仪，就是因为日韩有人在进行这方面的研究。而北京和西安的仿古礼仪表演，以及现在古装影视剧上的场景，都让人觉得他们压根不是礼仪之邦的后代。因为这些礼仪多是编剧们自己的想象，多是在追求戏玩热闹，使盛大的祭典变得不伦不类、荒唐可笑。

我们若想把引以为傲的几千年中华文明延续下去，最好多一些有说服力的具体研究，而不是空论、泛论，不是堆砌文辞概念。如果传统的礼仪、神话、文字、书法、中医、武术、陶瓷、建筑等物质遗产和非物质文化遗产都消亡了，民族文化将会变得空洞苍白。对历史随心所欲的戏说和遗忘，一旦蔓延开来，将会削弱中华族群的根性生命力。

在关注唐三彩的过程中，我发现很多专家学者臆断的说法很流行，诸如唐三彩都是明器、有官窑烧制唐三彩、唐三彩不是唐代社会的流行商品等等，这种无据无考的信口开河已成风习。至于唐三彩的鉴定方法，更是云山雾罩，让人不知所从。我想把唐三彩的方方面面说得详细一点，具体一点，少点以讹传讹，少点故弄神秘，使人们对唐三彩的认识能朝前走一步。

但我这种研究因缺乏更多的信息和资料，也只能浅尝辄止。例如现在世存唐三彩的数量、唐三彩在唐代的名称和价格等，我还不能说清楚，无法下判断。

寄望后来人能够继续钩沉、细化，争取弄清历史现象背后的真实。

写此后记，就是要感谢陕西唐三彩艺术博物馆的齐先生，感谢帮我研究唐三彩的韩先生，感谢鼓励我写这本书的汉中老友王先生，感谢在国外带我去多处看老收藏家藏品的Wesley先生，感谢出版社责任编辑方女士，感谢提供考古资料的张先生、范先生，感谢一直帮我录入书稿的侯女士，感谢各博物馆中让我拍摄照片的工作人员。这不是客套话，没有他们，就没有这本书。

2022年4月

后　记

　　接到编辑寄来的校样未及校看，我已被新冠肺炎放倒，接连高烧、嗜睡、昏睡不醒，被急救车送到医院。好不容易住进医院后，又软瘫晕迷，不省人事。好在住了十九天后出院了，总算挺了过来。

　　感觉一病老了不少，稍有活动便出汗、气喘、胸闷。原本编辑发给我的关于唐代胡粉的资料是可以写一节的，新开放的陕西考古博物馆中可说明唐三彩非明器的材料也想添进书里，唐三彩胎体的蜂状晶化与断代关系也想再写一节，但可惜实在写不动了。正在写作的《唐皇郊坛祭天大典礼仪及物器考》也只有彻底放弃。

　　生病改变了我的生活。癸卯谨记。

2023年2月8日